夕方5時からお酒とごはん

伊藤まさこ

まえがき

「今日は何を飲もうかな」

毎日昼過ぎから、そのことで頭がいっぱいになる。

同時に、「今日は何を食べようかな」とも考える。外で飲むのも好きだけれど、たいていは家でということが多いから、「何を食べようかな」は必然的に「何を作ろうかな?」につながる。

『ちびちび　ごくごく　お酒のはなし』という本を出してから七年が経った。その間に十歳だった娘は十七歳に。びっくりである。あんなに手がかかったのに、今ではなんでも自分でできるようになり、私はすっかり子育てを終えたような気分だ。その状況を寂しいと思っているかというとそんなことは全然ない。彼女の自立は私の自由につながるのだから。

私の自由時間はお酒の時間に割り振られることが多くなった。これを人に言うとびっくりされるのだけれど、だいたいいつも夕方五時から飲んでいる。

仕事開始はお弁当作りやその他もろもろの家事をひと通り終えた朝の七時。もともと朝型だったことと、自由業だからこその時間割なのだけれど、これがなかなかいい塩梅《あんばい》。夜更かしをしてお酒を飲んでいた頃より、ずいぶんと体の調子がよくなった気がする。健康でなければ、おいしく食べたり飲んだりはできない。これからもずっとこの調子でいこう、そう思っている。食い意地のはった私なりの健康法というわけ。

早い時間から飲みはじめ、早めに切り上げる。毎日五時からというのは難しいかもしれないけれど、週末や休みの日にはおすすめだ。たまには、そんな日があってもいいんじゃないか。

用意する料理もそんなに気負う必要はない。ひとりの時も、友人を招く時も、気楽な感じでいいと思っている。バタバタとした毎日を送っていると、そうしょっちゅう買いものに行けるはずもなく、冷蔵庫の中や買いおきした食材でやりくりすることが多い。

手軽にできるのがいいに決まってはいるけれど、手間を端折《はしょ》りすぎておいしさが半減するのはいやだから、とあれこれ工夫した結果、ああこれなら簡単でおいしい。そう思える料理が少しずつだけれど増えてきた。腕が上がったんじゃないと言ってくれる友人も多い。それならと、七年ぶりにお酒の本を出すことにした。

じゃがいもと中華腸詰のマスタード和え、干しえびのソース、茹で鶏、いかのフリット、かぶのサラダ、れんこんの柚子胡椒風味……この本の中には、そんな私の「あれこれ工夫した結果」のレシピが四三品載っている。

その他、酒器や道具、念願の一日ママ体験や浅草ツアーなど、お酒にまつわる話も一緒にたのしんでもらえたらうれしい。

伊藤まさこ

夕方　5時から　お酒とごはん　もくじ

本書レシピの計量単位は、
カップ1＝200㎖、大さじ1＝15㎖、小さじ1＝5㎖です。
また、特に表示のない場合は、作りやすい分量です。

フムス

だれか家に遊びにやって来る時は、たいていみんなお酒と料理を目当てにしているから招くこちらもおいしいものを……と気合いが入る。それでも最近は肩の力がだいぶ抜けてきて、まず最初につまめる生ハムやサラミ、それに合いそうなちょっと酢を効かせたサラダやピクルスをテーブルに並べておき、それをつまんでもらっている間にゆっくりメインの準備をする。いわゆる「おもてなし」ではなくて、友人たちとたのしい時間を過ごす、そんな集まりなのだからそれくらいのゆるい感じでいいのだ。

　このフムスは最初に出す一品として作ることが多い。パンとフムス、冷やしたワインがあれば、みんなの機嫌も上々。私はその間、お酒を飲みながら次の料理の仕込みができるから助かる。

　いつだったか「こんなにおいしいフムス、初めて食べた」と褒めてもらったことがある。でもじつはその時ちょっと恐縮してしまった。だってパックで売られているひよこ豆を他の材料とともにプロセッサーにかけただけだったのだから。いや本当はパリで買ってきた小粒で味の凝縮されたひよこ豆を煮て、一から作ろうと思っていたんですよ。でもね、前夜に水に浸けておくのを忘れてしまったの……言いわけしたい気持ちをぐっとこらえて、本当の作り方をお教えした。

ひよこ豆の水煮……230g
オリーブオイル……カップ1/2
塩……小さじ1
クミンパウダー……小さじ1
クミン……小さじ1

①すべての材料をプロセッサーにかける。
②①を器に盛り、仕上げにカイエンヌペッパー（分量外）とオリーブオイル（分量外）をまわしかける。

フムスにそえるパンは焼きたて、もしくはカリカリに焼きなおしたバゲットを。

しいたけのタブレ

能登産のしいたけは、大きくそして肉厚。堂々としたその風格はしいたけの王様のようだ。薄くスライスしておひたし、パン粉をつけてしいたけフライ、鶏肉とオリーブオイルで炒めてバルサミコ風味……いつも金沢の近江町市場でひと箱買い、翌日からはしいたけ三昧《ざんまい》となる。しいたけ好きとしてはこんなうれしいことはない。

しいたけのオリーブオイルソテーは、作りおきしておき、お酒のおともにする。どこか肉を思わせるしっかりした歯ごたえは、赤ワインと合う。これにクスクスを合わせると趣が変わってそれもまたいい。野菜の煮込みやラムのオーブン焼きとともに食べることが多く、来客時にもよく登場するメニューのひとつだ。

肉厚しいたけ……6、7個
にんにく……ひとかけ
唐辛子……1本
オリーブオイル……適量
塩……適量
胡椒……適量
イタリアンパセリ……適量
クスクス……カップ1/2

①しいたけはいしづきの端の汚れた部分を取り除き、手で大きめに割く。にんにくは半分に割り、芽の部分を取り除いてからつぶす。
②フライパンにオリーブオイルをたっぷりとひき、にんにくと唐辛子を入れ火にかけ、香りが出たら①を入れる。
③②に充分に火が通ったら、塩と胡椒をする。どちらもたっぷりめがおいしい。
④クスクスをボウルに入れ、同量のお湯を注いでラップをし5分ほどおく。
⑤③と④を合わせ、適当な大きさに切ったイタリアンパセリを混ぜ、味をみて足りなかったら塩をする。

9

肉のような食感に食べた人が一瞬「？」という顔をする。金沢を訪れたら市場でぜひ。

にんじんのロースト

ここのところ野菜のローストに凝っている。

焼きいも屋さんの焼きいもがどうしてあんなに甘くねっとりしているのかが話題にあがったのがことの始まりだった。友人いわく「低温でじっくり熱を通しているからに違いない」ということで、ならばとホイルに包んで140度のオーブンで様子を見ながらさつまいもをじっくり焼いてみたところ、これがなかなかおいしくできたのだ。

一度気に入ると、何度も何度も作ってみたくなる。さつまいもの次はじゃがいもで、かぼちゃ、キャベツ、皮つきの玉ねぎ、ズッキーニ……加熱時間をもう少し多くしてみようか、切り方を変えてみようか、ホイルをはずしてからもう少し焼いてみようか……。オーブンが勝手に料理してくれる手軽さも手伝ってほぼ毎日、テーブルに野菜のローストがあがった。

来客にもなかなか好評。いつだったか、にんじんのローストを出した時「これは……なんていう料理ですか?」ひとくち食べて不思議そうにしている人がいたのでにんじんを焼いて塩をふっただけです。そう答えると「いやそれだけじゃないはずだ」とか「きっと何か裏技があるはず」という人もいたりして。フフフ、料理を作る側としては、こんな風に興味を持ってもらえるとすごくうれしい。

オーブンによって熱のまわり方が違うので、何度か作って様子を見ながら好みの加減を探るといい。実験みたいでたのしいから。

にんじん……２本
タイム……適量
オリーブオイル……適量
塩……適量

①にんじんは縦に4等分し、面がくっつかないよう互い違いにして平にし、ホイルで包んで１４０度のオーブンで45分焼く。
②①を耐熱皿に移し替え、タイムとオリーブオイルをまわしかけ、２００度のオーブンで10分焼き、ほんの少し焼き色をつける。
③塩をする。

外側のカリッとしたところも、
中のほくっとしたところも
また、いい。

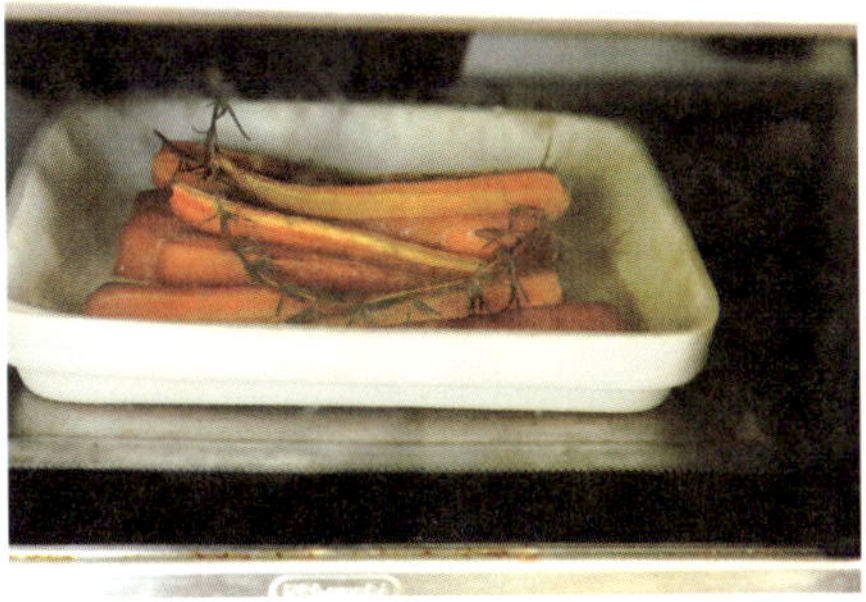

ピコンのソーダ割り

さすがに最近はそんなに無茶をしなくなったけれど、若いころは夜中を過ぎても飲み歩いていたものだ。料理専門の写真家や編集者、シェフ……まわりは驚くばかりの健啖家《けんたんか》のセンパイばかりで、あのころ、たくさん食べ、たくさん飲んで、たくさん遊んだ経験が今の私に活かされているのではと思っている。

一人暮らしをしていた家のすぐ近くに、落ちついたバーがあるよと教えてくれたのも、そんなセンパイのうちのひとりだった。何度か訪れるうちに、今度はひとりでもおいでなさい、そうマスターが声をかけてくれて、晴れて私のひとりバー通いが始まった。そのバーで飲むカクテルはたいていいつもおまかせで、ここに来る前に何を食べてきたか、どんなものを飲んできたか、そんなことを伝えると、その時の気分にぴったりのカクテルを作ってくれた。

その日はとても暑い夏の夜で、到着するなり「ごくごく飲めるものをお願いしますっ！」とお願いした。マスターはにこりと笑い、そっと差し出してくれたのが、このピコンのソーダ割りなのだった。オレンジとハーブの香りがする、ちょっとほろ苦いピコンのリキュールはソーダやビールとの相性がいい。家で作る時はピコン2に対してソーダが8。氷をたくさん入れて、レモンをしぼるとよりさわやかになる。

マスターの作るものはもっとおいしかったので、きっと何か隠し味を入れていたのではとにらんでいるが、いくらたずねてもちっとも教えてくれない。

好みでピコンの割合をもっと増やしても。

ドライフルーツのお酒漬けとパウンドケーキ

子どものころ、母が作ってくれたお菓子の中で特に好きだったのが、お酒がたっぷりしみ込んだドライフルーツ入りのパウンドケーキだ。実家の台所の横にはパスタや乾物、お菓子をストックしておく納戸があって、その棚の一番下の隅っこが、このお酒漬けの瓶の定位置だった。沖縄土産のパイナップル、料理に使って少しあまったレーズン、そんなものを細かく刻んで上からトプトプトプ……とブランデーを注ぐ。一年かけてドライフルーツとブランデーを少しずつ足していき、その瓶いっぱいになるクリスマスのころになると、母はケーキを焼いてくれるのだった。焼いた翌日からが食べごろで、ケーキの横に添えられたペティナイフを使って好きなだけ食べていいという、子どもにとっては幸せこの上ないシステム。このおやつの時間は、私にとって子どものころのかけがえのない思い出になっている。

自分の台所を持ってからは、私もこのお酒漬けを作るようになった。わざわざ材料を揃えるわけではなく、母に習って、あまったものを刻んでは瓶に入れ、その都度お酒を注ぐ。今年はりんごや干し柿も加えたからどんな味になるのかと思ったけれど、ケーキを焼いてみたらおいしく仕上がった。お酒と時間が全体をうまくまとめてくれたのだ。

娘も小さなころからこのケーキが大好きで、オーブンの窓をのぞいてはわくわくした表情を見せる。家の中が甘い香りに包まれるのは、子どもはもちろん大人も幸せな気持ちになるものだ。手作りのいいところは、こんなところにあると思う。

気づけば大瓶にいっぱい。クリスマスにはパウンドケーキを何台も焼いてプレゼントにする。

18cm×9cm×高さ6cmのパウンド型1台分

バター……120g
卵……2個
薄力粉……120g
砂糖……100g
ベーキングパウダー……小さじ1/2
ドライフルーツのお酒漬け……120g
塩……ひとつまみ
アプリコットジャム……適量

［準備］
型にバター（分量外）を塗る。バターは常温に戻し、薄力粉はよくふるい、卵は卵黄と卵白にわけておく。オーブンは180℃に温めておく。

①ボウルにバターと砂糖の1/3量を入れ、ハンドミキサーで白っぽくなるまでよく混ぜ合わせる。
②①に卵黄を少しずつ加え、そのつどよく混ぜる。
③別のボウルに、卵白、砂糖の1/3量と塩を入れ、ハンドミキサーでかたくなるまで泡立て、残りの砂糖も入れて混ぜ、角が立つまで泡立てる。
④②に薄力粉とベーキングパウダーを加えて、さっくりと混ぜ合わせ、③も加えてよく混ぜ合わせる。
⑤ドライフルーツのお酒漬けを入れて混ぜる。
⑥型に⑤を流し入れ、180℃のオーブンで40〜50分焼く。
⑦冷めたら型から取り出しアプリコットジャムにドライフルーツを漬けていたお酒を混ぜ、ケーキに塗る。

焼いた翌日から食べごろ。コーヒーや紅茶はもちろんブランデーにも合う。

泡が好き

お酒に魅了されたのは、シャンパンとの出会いがあったからでは？　と思っている。こんなに美しくてはかないのに存在感がきちんとあるお酒、他にはない。セラーにもとっておきを何本か用意している。家族や友人の誕生日はもちろん、大きな仕事を終えた自分へのねぎらいに開けることもしばしばだ。

珍しいシャンパンは、年に一度、デパートで開催されるシャンパンのフェアで揃えることが多い。ここでは市場に出まわらない小さな醸造所からも出品があり、作り手にも会えるとあって、全国からシャンパン好きが集まる。

私のたのしみは、数年前に買った一九九九年、娘の誕生年に作られたマグナムボトルのシャンパンを彼女の二十歳の誕生日に開けること。この素晴らしい世界にようこそ！　その日は盛大にお祝いしたいと思っている。

とはいえ、そうしょっちゅうシャンパンばかり飲んでもいられないから、手頃な価格のカヴァやスパークリングワインも、もちろん飲む。シュワっとした飲みものが好きなのだ。

キッチンの窓辺は、飲んだ後の栓でいっぱいだ。ひとつふたつとおきはじめたら、あっという間にずらりと並んでしまったのだ。デザインに凝ったり、逆にまったく素っ気なかったり。眺めているだけでたのしい。夏の泡も、冬の乾燥した部屋で飲む泡もいい。この調子でいくとあともう少しで窓辺はいっぱいだ。

ずらり並んだ栓はただいま25個。凝ったデザインだったり、逆に素っ気なかったり。

福光屋で一日ママ

金沢の酒蔵・福光屋の利岡祥子さんと知り合ったのは十年以上前のこと。以来、金沢はもちろん、東京や高松、奈良……日本のあらゆる場所でたのしいお酒の時間を過ごさせていただいている。ふたりの姉がいる私にとって三人目の姉のような存在の人だ。

いつだったかお酒の席で、私が一度カウンターの向こうに立ってみたいものだと話したことがあった。利岡さんはそれをちゃんと覚えていてくれて、ひがし茶屋街に新しく福光屋のバーができたのをきっかけに「一日、ママをしませんか?」と誘ってくださった。もちろんですとお答えし、今日は初のママ出勤である。

一日だけの店名は「酒バーまさこ」。子どものころは古風な名前に悲しくなった時期もあったけれど、この日は両親に感謝した。しっとりしていてなかなかいい名前ではないか。

お酒はこの年初お目見えのしぼりたての新酒。それから「加賀鳶」「黒帯」「福正宗」。お酒に合わせて金沢の市場で仕入れた食材でおつまみをいくつか作り、ちょこちょこと小皿に盛る。カウンターの向こうから見る景色はいつもとまったく違うものだった。たのしんでいただけているだろうか。お酒は足りているだろうか。料理を盛りながらも、たえず席を見渡して、気を配らなければならない。いつも呑気《のんき》にお酒を飲んでいたけれど、舞台裏はこんなにも大変なのだなぁと、お客様を見送りながらしみじみした。と同時に私にいつもおいしいお酒の時間をくれる店主の方に大感謝の日となった。ママ修業も時にはいいものである。

仕込みに夢中になっていたら、
あっという間に開店時間。
「福光屋」の文字が
ぽぅと浮かび上がった
行灯《あんどん》に気分が上がる。

最初の肴は
小松菜としめじのおひたし、
茄子の揚げ浸し、
いわしのオイルマリネ
の３種。

すべて
近江町市場で仕入れた
新鮮な食材で。

たことドライトマトのマリネ、
切り干し大根の和えもの、
蓮根の柚子胡椒和え……
いつも作っている料理を
大皿にずらりと。

テーブルを時おりまわって、
お客様とおしゃべり。
お酒もだんだんすすんで
皆さんほろ酔いに。
金沢の夜は長い。

パリで絵皿を

春に友だちが相次いでパリに行くことになった。みんなで会えば、パリの話で持ち切りである。それを聞いているうちに、私も無性に行きたくなってきた。スケジュール帳を開いて休みの算段をし、一週間ほどの空きを無理矢理作った。

ひとりパリで過ごす時間はとても気ままだ。朝起きて、カフェオレを飲みながら、さあ今日は何をしようか？　とぼんやりと考える。たいてい午前中はこぢんまりとした美術館に行き、お昼は気に入りのビストロでワインとともにのんびりと食事をとる。その後、ぶらぶらと街歩きをしていると、あっという間に日が暮れる。夜はパリに住む友人と食事の約束でもなければ、ホテルの部屋で過ごすことが多かった。近くのチーズ屋や、パテやテリーヌなど肉の加工品を扱うシャルキュトリーで買ってきた総菜とワインで軽めに……というのがいつものパターン。その時に、出番の多かったのが旅のはじめに蚤《のみ》の市で買ったこの柄の皿だ。

一二枚のディナー皿と大皿が一枚。全部でなんと二〇ユーロ。本当は生成りがかった無地のプレートが欲しかったのだけれど、あいにくよいものに巡り合えず諦めて帰ろうかと思った時に出会ったものだった。こんな可憐《かれん》な柄のプレート、普段だったらきっと買わない。旅先の浮かれた気分とこの価格が私の背中を押したのだ。使ってみると意外にも盛る料理をえらばない。シンプルがいいといつも無地をえらんでいたけれど、そうでもないんだということにこのプレートが気づかせてくれた。

旅の間はずっとこのプレートで。ホテル暮らしの味気なさもこれさえあれば。

いかのフリット

久しぶりに訪れたパリの街は、あいかわらず刺激的だった。スタイリストたるもの一年に一度はこの美しい街の空気を吸いに来るべきだ。よぉし来年も！　そう自分を奮い立たせた。パリの魅力はとても一言では言い表せないけれど、私が一番惹《ひ》かれるのは、この街の人たちの食に対する貪欲《どんよく》さではないだろうか。いつも皿の上にあっという驚きが待っているし、思わずうなりたくなるほどのおいしさと出会える。

気に入りのビストロで食べた、いかのフリットも忘れられない一皿だ。いかのフリットに塩とレモンの組み合わせはよくあるけれど、ここのはレモン塩。独特の苦みと塩気はかりっと揚がったいかにぴったりだった。もちろん白ワインが進んだのは言うまでもない。

レモン……………1個
塩…………大さじ2

いか…………1杯
小麦粉…………適量

---

①まずレモン塩を作る。
レモンを1センチ角くらいに切り、塩で和え、煮沸消毒した瓶に入れ、1週間ほど冷蔵庫で味を馴染ませる。
◎いろいろな料理に使えるので無農薬のレモンなどが手に入った時に多めに作っておくと重宝。
②いかは腹わたと背骨と胴を取り食べやすい大きさに切る。
③②の水気をよく拭きとり、小麦粉を薄くはたいて180度の油（分量外）でかりっと揚げる。
④①をみじん切りにし、③に好みの分量かける。

トレーと耐熱皿もパリの蚤の市で。このフリットにはこんな感じの気楽な盛りつけがお似合い。

パリ3日目。月曜日は美術館や店が閉まっているところが多いから、BHV《ベーアッシュヴェー》というデパートに行き、野暮用を済ませることにした。BHVは、お洒落なホームセンターとでも説明すればよいだろうか。日本ではなかなかお目にかかれないシンプルで使い勝手のよさそうな暮らしの道具がわんさかとひしめいている。一番の目的はバスルーム用の拡大鏡だ。デザインに凝りすぎていたり、ちょっと安っぽかったりと、なかなか頃合いのよいものが見つからなかったので、もうこれはパリで買うしかない。旅立つ前からそう思っていたのだ。

バスルームのコーナーに行くとすぐに好みのものが見つかって、買いものはあっさりと終了。ではデパート内でも一巡りしようかと、階下のキッチン売り場に行った時に、目に入ったのがこのじょうごだった。折しも時は初夏。フルーツの出はじめである。ジャム作りのための銅鍋や木べら、瓶などが並ぶ棚のすみっこに控えめに売られていたのがこのじょうごだ。

口が五センチくらいのものはジャム用に。それ以外の持ち手つきのはジャム売り場にあるのだからシロップ用？　どう使うかはまだ分からないけれど、きっと何かの役に立つに違いない。三種類すべて買うことにした。

家に帰って、便利さに驚いた。今までこれなしでどうやって暮らしていたのか。お酒をとっくりに入れる時も、あまったワインをカラフェに移し替える時も、じょうごの出番。口に合わせてサイズをえらべるのもいい。今や、私にとってなくてはならない暮らしの道具だ。

少しずつ穴の大きさが違うじょうごは、器や容器に合わせて使い分ける。

砂肝とししとうの山椒醤油風味

京都の錦市場を歩いていると、思わぬ見《め》っけものがある。きゃらぶきを炊くのにぴったりな細めの蕗《ふき》、花山椒、朝採りのきゅうり……市場で季節を知るのはたのしい。この実山椒も錦市場でもとめたものだ。細かい茎などを取ってから、さっとお湯にくぐらせしょうゆに浸けておくと何かと重宝する。

砂肝とししとうの炒めものには必ずこの山椒醤油を使う。作り方はとても簡単。炒めて、味つけするだけなのだから。強いてコツを言うならば強火で炒めることくらい。作り立てはもちろん、冷めるとお互いの素材の味がしみ込み合ってとてもおいしい。もしも私が飲み屋をするならば、この料理はつきだしとして出そうと思っている。

砂肝……………300g
ししとう…………1パック
山椒醤油…………大さじ2
（ふつうのしょうゆでもよい）
酒…………大さじ1
塩…………適量
太白ごま油…………適量

①山椒の実は枝からはずし軸や汚れをきれいに取り、さっと湯通しして煮沸消毒した瓶に入れ、しょうゆを注ぐ。翌日から食べられるが、1週間ごろからが味が馴染んでおいしい。
②砂肝は冷水に1時間ほど浸け、ひとくち大に切る。
③フライパンに太白ごま油を入れ、よく温まったら水気を拭いた砂肝を入れ炒める。
④③に火が通ったら、ししとうを入れ、さっと炒め、山椒醤油と酒を入れ、汁気を飛ばすようにさらに炒める。
⑤味をみて足りなかったら塩をする。少々濃いめのほうがお酒に合う。

砂肝の歯ごたえがやみつきになる1品。好みでレモンをしぼっても。

小皿のはなし

私が初めて古い皿を買ったのは、たしか豆皿ではなかったか。何しろ見た目にかわいらしいし、ふだんは躊躇《ちゅうちょ》してしまう色や柄物でも、このくらいの大きさならと手が出やすい。ものにも寄るけれど、比較的もとめやすい値段というところも気に入っている。旅先で立ち寄った市や骨董屋で少しずつ手に入れ、今では五段の小引き出しいっぱいになった。

毎日使うシンプルなグラスや白い器とはまたちがって、豆皿には集めるたのしさや眺める喜びがある。時々、引き出しを開けて、柄ごとや大きさごとに分けて、入れ替えをたのしむ。とはいえ、ただ持っているだけではつまらない。器は使ってこそなのだから。

お客様には、豆皿にちょこちょこ盛った料理を小さめのお敷きやお盆に乗せてお出しする。同じ料理でも鉢にどん、と盛るのではなく、このちょこちょこ加減がどうやらいいらしい。「お盆にひとり分、こんな風に運ばれて来るとなんだか『自分のためだけに用意してくれた』って気になるよね」と言われ、ほうほう、そんなものですかと思った。喜んでもらえると、こちらもうれしい。

豆皿の柄や形、質感はいい塩梅《あんばい》になるようにえらび、料理は盛りつけ箸を使って品よくていねいに盛る。お盆の上の景色がよくなるような豆皿の配置も考えなくてはいけない。小さいけれど存在は大きく、私に気を遣わせるのも豆皿。その分なんだか愛《いと》おしくもある。

古いものに混じって作家のものも。手塩皿にしたり箸置きの代わりにしたり。

カリフラワーのアンチョビ風味

「おいしい」とは味だけでなく、見た目の要素もかなり重要。同じ料理でも盛りつけがいい加減だったり器がちぐはぐだったとしたら、きっとおいしさは半減してしまうに違いない。時に驚きがあるとよりいい。蒸したカリフラワーにアンチョビのソースをつけるというとてもシンプルなこの料理は「丸ごと」というところがポイント。小房に分けたらこのインパクトは生まれない。一見、食べづらそうではあるけれど、ぐずぐずになるまでやわらかく蒸しているから心配は無用。フォークでくずしながら鍋の中のソースをつけ、パンやワインと一緒にいただく。銅の小鍋はパリの市で見つけたものだ。ソースを温めたり、ひとつ分の茹で卵を作る時に重宝しているけれど、器としての役どころも大きい。丸ごとのカリフラワーに負けない存在感である。

カリフラワー……1個
アンチョビ……1缶
にんにく……ひとかけ
オリーブオイル……カップ1

①カリフラワーはやわらかくなるまで蒸す。にんにくは半分に切り、芯の部分を取り除いてからたたいてつぶす。
②鍋にオリーブオイルとにんにくを入れ、火にかけ香りを出す。
③②に油を切ったアンチョビを入れて柔らかくなるまで火を通す。

カリフラワーとソースをよくよく混ぜてパスタに和えても。

じゃがいものフリット

素材にもよるけれど、最近、茹でるよりも蒸す方がおいしいのでは？　と思っている。特にじゃがいもを使った料理を作る時は蒸すに限る。このフリットもそう。ほっくほくに蒸して中まで柔らかくなったら、あちちなんて言いながら、手で適当な大きさに割る。その時、表面をわざとでこぼこにすると、仕上がりの食感がたのしい。

割ったじゃがいもは表面がかりっとするまで揚げ、塩をわりと強めにふるといい。かりっの後にほくっ、塩気の後にローズマリーの風味が香って、これがもうたまらなくビールに合う。メークインで作ることが多いこのフリットだけれど、最近はいろんな種類のじゃがいもが出ているから、いろいろ試してみるといい。

ラムのつけあわせに、ムール貝と一緒に、クリームチーズをつけながら……それからもちろん、ビールや赤ワインと。

メークイン……2、3個
ローズマリー……一枝
にんにく……ひとかけ
塩……適量

①じゃがいもは皮のまま10分ほど蒸す。にんにくは半分に切り、芽を取ってつぶす。
②フライパンにオリーブオイル（分量外）を多めに入れ、ローズマリーとにんにくを入れて火にかける。
③①を手で割り、②に入れ、からりと揚げ、塩をする。

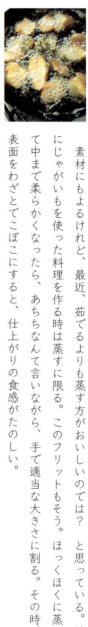

食べるのもいいけれど揚げている過程も好き。フライパンからおいしそうな音がするから。

牛タンの煮込み

この料理はよく行く飲み屋のメニューにあったものだ。家では焼いてばかりだった牛タンが、どんな味で出てくるのかと興味をそそられた。車麩《くるまぶ》を揚げたものにハーブやナッツがかかっていたり、きんぴらごぼうのごぼうがびっくりするほど細く切られていたり。見慣れた食材でも素材の合わせ方や料理法で、こんなに味の幅が広がるのかと、訪れるたびに舌を巻く。そしてすぐにでも作ってみたくなる。ここの店主はすごい人だなぁと毎度感心している。

和風のお出汁《だし》で炊かれた牛タンは、それはすてきなおいしさで、家でさっそく作ってみた。何度か試すうちに、ことこと長時間鍋で煮るより、圧力鍋でさっと仕上げた方がなんだかおいしいような気がして、以来この煮込みを作る時はふだんあまり使わない圧力鍋の登場となる。ひとくち大に切った牛タンは独特の食感で、出汁がさっぱりと仕上げてくれるから肉料理と言っても胃にこたえない。からしや柚子胡椒を少しずつつけながら食べ、合間に熱燗《あつかん》をくいっ。晩秋から春先のまだ寒い時期によく作る肴のひとつだ。

繊細な味に仕上げたいなら、一晩冷蔵庫、もしくは涼しい場所におき、翌日固まった油を取り除くといい。それからいったん肉を取り出して煮汁を裏ごしするとより美しい仕上がりになる。少しの手間だからこれを惜しまずに試してみて欲しい。すっかり肉がなくなった後、下茹でした大根を入れてことことと煮る。うまみが染み出た煮汁をあますことなく味わい尽くすのだ。

牛タン（下処理済みのもの　約800g）……1本
出汁……カップ6
しょうゆ……カップ1/4
酒……カップ1/2
からし、柚子胡椒……適量

①牛タンはさっとお湯にくぐらせ、湯通しする。
②圧力鍋に牛タン以外の材料を入れ、蓋をせずに火にかけ、沸騰させる。
③②に牛タンを入れ蓋をして中火にかける。
④圧力がかかってきたら弱火で30分ほど煮る。
⑤蓋をしたままそのまま冷めるまで待つ。
⑥鍋から取り出し、ひとくち大に切る。
⑦好みでからしや柚子胡椒をつけながらいただく。

ひじきの和えもの

湘南のしらす屋のおかみさんに、採れたてのひじきをたくさんいただいた。容量にしておよそ一・五キロの袋がふたつ分。たいそう立派なひじきである。「まささんなら、ただ煮るだけじゃなくていろんなもの作れるでしょ、もしも使い切れなかったら冷凍もできるから」。せっかくのひじきを冷凍するなんて！　私は俄然《がぜん》やる気になった。

最初はお揚げやにんじんと炊いて。次は梅酢を効かせたドレッシングで和えてひじきサラダに……毎日毎日せっせと作ってせっせと食べた。中でも評判がよかったのが、柚子胡椒を効かせたささみの和えものだ。ぴりりとからみの効いたひじきは、ビールにもお酒にも合うので作りおきして来客時にはつきだしにする。不思議な取り合わせに驚かれるけれど、食べれば皆おいしいと喜んでくれる。作ってすぐもいけるけれど、味の馴染《なじ》んだ翌日がまたいい。

……………………………………

乾燥ひじき……………30g
(ここでは手に入りやすい乾燥ひじきを使用)
ささみ………………5本
出汁…………カップ1/2
しょうゆ…………小さじ2
酒…………小さじ1
柚子胡椒…………大さじ2

……………………………………

① ひじきは水で戻し、さっと湯通しする。
② ささみは酒（分量外）をふり、蒸して中まで火を通す。粗熱がとれたら手で細かく割き、柚子胡椒を和える。
③ 鍋に出汁と酒、しょうゆを入れ、軽く沸騰したら①にかけてよく混ぜ合わせる。
④ ボウルに②と汁気を切った③を入れ、よく和える。

大皿にどん、ではなく小さな器にちょこちょこと。

ワインセラーをふたつ

今年のはじめ、仕事場の引っ越しとともにセラーも家から移動させた。ガラス扉からは何が入っているか一目瞭然。ずらりとワインが並んだ様子は見ているだけでわくわくする。七〇本入りのセラーの中にはワイン以外にいろいろなものを入れている。日本酒、紹興酒、ジャムやシロップ、ペリエ。上と下とで若干の温度差があるから上には赤を、下には白やシャンパンをとなんとなく分けている。

ワインは信頼している酒屋の店主にお願いすることが多い。棚がさみしくなってくると連絡をし、好みと予算を伝えて送ってもらう。ふだん飲む用の手頃な白とスパークリング、赤をそれぞれ何本、なんてざっくりの時もあれば、仕事で使うのでエチケットが洒落ているものをという時もある。冬の乾燥した空気の中で飲む冷たい泡が大好きなので、冬はシャンパンやスパークリングワインの注文が多くなる。私の好みを熟知してくれているから、すっかりおまかせしても安心。ワインに添えられるていねいな説明書きに毎度感動している。

家からセラーがなくなって数日。冷蔵庫とパントリーの隙間をやりくりしてワインをおこう。そうタカをくくっていたけれど、そんなわけにはいかなかった。あって当たり前の生活に慣れすぎた。心にすきま風が吹いているようでさみしい。そこでやや小さめの五〇本入りのセラーを家にも買うことにした。贅沢かもと思ったけれど、自分の二カ所の居場所にお酒があるという安心感。この状態を保てるよう仕事に励みたいと思うばかりである。

こちらは仕事場のセラー。使いはじめて20年。なくてはならない私の相棒。

ラム肉のクミン風味

仕事が立て込んでにっちもさっちもいかず、料理をする時間がまったくない。ちょうどそんな時、料理上手の友人に会ったので、ごはん作りに来てよと冗談めかして言ったら、数日後、材料をわんさかと抱えてやってきてくれた。唐辛子をがつりと効かせた汁麺に、ねぎと香菜《シャンツァイ》のサラダなど、ああそうそう、こういうのが食べたかったんだ！　というものばかり。

中でも印象的だったのがこのクミンがたっぷり入ったラム肉の炒めものだ。材料も料理法もシンプル極まりないというのに、胃袋をむぎゅーっと摑まれるすごい料理。食べると体の奥底がふんわりと温かくなる。聞けばよく行く中華の店の気に入りのメニューなのだそうだけれど、すっかり自分の料理になっているところがすごい。持つべきものは食いしん坊の友である。

ラム肉……………400g
クミン……………大さじ4
塩……………適量
太白ごま油……………大さじ1

①ラム肉は適当な大きさに切る。
②フライパンに太白ごま油を熱し、①を入れ焼き目をつけながらよく炒める。
③②にクミンを加え、さらに炒め、最後に塩で味を調える。

簡単ながらインパクトのある料理。味も、そして見た目にも。

自分をもてなす

忙しい毎日を送っていると、そう毎度の食事のたびに手間をかけて料理を作ることはできない。だったらどこか気に入った店に食事に出かければいいじゃないか。そう思いはするのだけれど、身支度を整えることを考えると億劫《おっくう》になる。とにかく今日はソファでだらだらしながらワインが飲みたい。でもおいしいものは食べたい。

そんな時は仕事場の近くのデパートに行き、食材を調達することにしている。パテはターブルオギノのパテドカンパーニュを。チーズはフェルミエで、シェーブルとウォッシュタイプを……などと店の人に好みを伝え、よい具合に熟成の進んだものをえらんでもらう。チーズを包んでもらっている

間に、急ぎ足で近くのパン屋に行ってバゲットを買い、同じフロアに入っているスーパーで生ハムやオリーブを調達。一回りすると食材が入った袋で両手はふさがる。達成感に満ちあふれる瞬間である。帰る道すがらは、今日はどんなワインを開けようかということで頭はいっぱいだ。

家に着くなり、セラーからワインを取り出しグラスを用意。パテにつけるコルニッションやマスタード、チーズに合うハチミツを出し、買ったものをプレートに並べたら今日の食事の支度は完了。やれやれとソファに腰を下ろし、まずはワインをひとくち。今日も一日がんばりました、お疲れさまでした。こっそり心の中でつぶやく。

たまには自分をもてなす日があってもいいのではと思っている。

中華街で食材を調達

横浜に生まれ育った私にとって中華街は馴染みの街だ。通いはじめて相当な年月が経つけれど、その間に店が閉まったり代替わりしたりと、街の様子はずいぶん変化した。ついこの前も、行き慣れた八百屋が閉店していた。定休日でもないのにシャッターが閉まっているのが遠くから見えていやな予感がしたのだった。中華街を訪れた時は、ここでまこも茸や香菜、金針菜《きんしんさい》などの中華野菜を買っていたのになぁと残念に思っている。

　それでも、お正月や何かの祝い事になると決まって訪れた中華料理店やフルーツパーラーなど変わらぬ店もまだある。行くのはいつもひとりで。車を運転し、昼前には

到着。ささっと昼ごはんを食べ、フルーツジュースを飲んでひと休み。その後、食材の買い出しをする。

店も、買うものもたいていいつも決まっている。源豊行《げんほうこう》では調味料と瓶出し紹興酒。清風楼《せいふうろう》では、かの池波正太郎先生も愛したという焼売を。市場通りの食材屋で白きくらげやクコの実、うずらピータン。頂好《ちょうこう》食品では大根餅や春餅《シュンピン》、中華腸詰、粽《ちまき》。この間およそ三十分ほど。すべて市場通り、もしくはその近くにあるので効率よく買いものができるのだ。

その夜は青島《チンタオ》ビールや紹興酒とともに、買ってきた食材を焼いたり蒸したりして食べる。そして数日間は、中華の食材を使って料理を作る。食材が充実していると思うだけで、心に余裕が生まれる。パテやチーズが洋食版だとしたら、ここで仕入れた食材は中華版自分へのもてなしだ。

ひとくちがんもどき

冷蔵庫に何はなくとも豆腐だけはおくようにしている。冷や奴、湯豆腐、蒸し豆腐、白和え、くずし豆腐、塩とおろしたてのわさびで、または蒸して塩とごま油で……好きな豆腐料理をあげるとキリがない。豆乳やおから、お揚げも同じくらい好きということは、大豆の風味が好きなのだと思う。だからもちろん、がんもどきも好物だ。

いつもは買うばかりだったがんもどきを、ある日、自分で作ってみたら、これが思いがけず簡単だった。以来すっかり手作り派になった。中に入れる具は、にんじんときくらげ、以上ふたつ。食感も色あいもよく、どちらもたいてい買いおきがあるところがいい。自分で作ると大きさも自由自在。お酒と一緒の時は小さめに作り、塩をつけながらちびちび飲む。

…………………………………………

木綿豆腐……………1丁
卵………1個
片栗粉………大さじ2
にんじん………5センチ
きくらげ………大きめ5枚
出汁………カップ1/2
しょうゆ………小さじ1
酒………小さじ1

…………………………………………

①豆腐はしっかり水切りする（水切りが足りないと揚げる時に油がはねるので）。
②きくらげは水で戻す。
③にんじんと②を千切りにする。
④③に出汁としょうゆ、酒を入れ、軽く火を通す。
⑤ボウルに①と汁気を切った④、卵、片栗粉を入れ、さっくり混ぜ合わせる。
⑥⑤を手で4、5センチに丸め、180度の油（分量外）でからりと揚げる。

塩、もしくは好みでしょうゆをひとたらし。多めに作って翌日は煮物にも。

酒器のはなし

たまに飲み屋で、いろんな種類の酒器が入ったざるを差し出され「お好きなのをひとつどうぞ」と言われることがあるけれど、いつもなぜだか恥ずかしさがつきまとう。それと同時に、いろんな想いが頭をかすめる。有名な作家の酒器をえらんだらミーハーと思われるんじゃないか。渋いのをえらんだら「通ぶって」などと思われるんじゃあないか。困るのは、好みの酒器がないことで、そんな時は、一番ひかえめでソツのないものをえらぶようにしている。私のこの小さな葛藤をお店の人と、一緒にいる人に悟られてはならない。

その点、家で飲む時は気が楽だ。だれに見られているわけでもないから、どんな酒器をえらぼうが、なんとも思われない。自分が好きで手に入れたものばかりだから、どれを取っても、違和感なく馴染む。

夕方、晩ごはんの支度をしながら、お膳立てをする。料理に合わせて器えらびをし、それと同時に酒器もえらぶ。とっくり、盃、片口、チロリ。毎日飲むわけではないけれど、気がついたら日本酒をたのしむための器が増えてきた。薄いの、あついの、ざらりとしたの、それとは逆につるりとしたの。見た目以上に大事なのは、触感と口あたり。同じお酒でも器によって味わいは変わるものだから、そこはとても大切にしている。

今たのしみにしているのは夏に京都で手に入れたチロリを使うことだ。小鍋を火にかけ、お酒をゆっくり温める。秋から早春にかけて、このチロリの出番が多くなるに違いない。

家の食器棚の中でも酒器の並んだ棚は、かなりの渋揃い。

グラスとお酒の棚

仕事場の引っ越しの際にリビングの一部の壁をブルーに塗り替えた。原状復帰が条件ではあるけれど改装自由な物件だったことも引っ越しを決めた理由のひとつである。ブルーにしたのには理由がある。玄関も部屋の中の扉もオーク材のようなシックな色の木が使われていたので、壁にも落ちついた色を持ってきたらよいのではないか、そう思ったのだ。

脇にワインセラーをおくことを考えるとグラス専用の棚があるといい。テーブルは美術館で展示用に使っていたものを安く譲り受け、その片側をセラーの奥行きに合わせて切り、壁にとりつけてもらった。三段ある棚の幅は一五センチ。テーブルも棚も

華奢なものから、
少々ごつめのものまで
質感はいろいろ。
透明という色が
全体に統一感を
あたえてくれる。

すべて壁と同じ色に塗った。

　ブルックリンの青空市で一ドルで手に入れた少々ごつめのワイングラス、バルセロナの荒物屋で埃《ほこり》をかぶって売られていたデッドストックのリキュールグラス、フィンランドで年に一度開かれる大きなマーケットで見つけたカイ・フランクのショットグラス。パリ、京都、ロンドン……旅した先で少しずつ揃えてきたグラスをすべてここに集めた。

　作業台にもしようと思っていたテーブルは、知らず知らずの間に一本、また一本とジンやブランデーなどが並びはじめ、はっと気づけばすっかりそれらに占領されていた。宴も終盤に近づくとみんながここにやってきて、グラスをえらび、好みの食後酒をそそぐ。ダイニングテーブルで飲むのとはまた違う気分になるから、いい。

れんこんの柚子胡椒風味

れんこんは、さっと茹でるとしゃきっ。すりおろしてお出汁と合わせるととろり。料理の仕方によってあらゆる食感になるからおもしろい。煮物に和えもの、サラダ、きんぴら。あらゆる料理に使って、その食感の変化をたのしんでいる。

もちろん味も好きだから、頻繁に食卓にあがる。中でも茹でたたたきれんこんとオリーブオイルを柚子胡椒で和えたこの料理は、手軽にできるので、あともう一品何か欲しい時に作ることが多い。

オリーブオイルと柚子胡椒は意外にも相性がいい。どちらも常備している食材というところも助かる。たたいたれんこん以外に、気に入っているのは細く切ったいかと合わせること。こちらは、豆皿に品よく盛ってつきだしにするといい。いずれにしても、日本酒との組み合わせは最高だ。

れんこん……………300g
オリーブオイル………大さじ3
柚子胡椒………大さじ1
塩………適量

①れんこんは薄く皮をむき、麺棒などで食べやすい大きさにたたいて、水にさらす。
②①を歯ごたえが残るくらいに茹で、ざるにあげて粗熱をとる。
③ボウルにオリーブオイルと柚子胡椒を入れよく混ぜ、②と和える。味をみて足りなければ塩をする。

大きいの、小さいの。いろんな大きさにすると口の中がたのしい。

チーズバゲット

バゲットは焼きたてがおいしいのは分かっているけれど、食べきれないこともある。そんな時は冷凍しオーブンで温め直して食べることにしている。この冷凍バゲットがあるとなんとなく安心。たまにパスタを茹でたり、ごはんを炊くのでさえ面倒になることがあるからだ。

薄くスライスしたバゲットの上にチーズをのせオーブンで焼く。するとバゲットは次第にかりっと、チーズはとろりとしてくる。クミンや黒胡椒、カイエンヌペッパーがあったらオーブンに入れる前にチーズの上にのせて焼くと風味が加わっていい。あとはサラダを作り、サラミを切って、その日の晩ごはんはおしまい。ワインも軽く一杯でやめておく。私なりの休肝日のメニューというわけ。

このチーズバゲット、よく炒めた玉ねぎを牛のストックで伸ばしたスープや、野菜たっぷりのスープに入れてもなかなかおいしい。熱々のスープにチーズがとろりとからんで、満足のいく一皿に仕上がる。

バゲット……………適量
カマンベールやブリーなどのチーズ…………適量
クミン、黒胡椒、カイエンヌペッパー…………少々

①バゲットは薄くスライスする。
②①に適当な大きさに切ったチーズをのせクミンや黒胡椒、カイエンヌペッパーをふってトースターでかりっとするまで焼く。

とろりと溶けかけたところをパクリと。赤ワインと一緒にどうぞ。

モッツァレラチーズのからすみがけ

モッツァレラチーズのからすみのパウダーがけは、スターターにぴったりな一品。上質のオリーブオイルをたっぷりかけ、黒胡椒もこれまたたっぷり。ワインやスパークリングワインとの相性もいい、この組み合わせを前にするといつも満ち足りた気持ちになる。ささっとできるワインのともをいくつか覚えておくとお酒の時間がよりたのしいものになる。ひとくち大のまん丸モッツァレラが手に入ったら、パウダーを全体にまぶすといい。これをテーブルに出すとみんなが一瞬「?」という顔をする。まあまあまずは食べてみてとすすめると……やがておいしいおいしい!の嵐。料理という料理はしていないというのにね。

からすみパウダーは見慣れない、という人が多いかもしれない。それでも最近ではインターネットで簡単に手に入るようになったから、ぜひ試してほしいと思う。モッツァレラにかけたり、ペペロンチーノにかけたりとこれがあるだけで、いつもと一味ちがうものになるから。

モッツァレラチーズ……適量
からすみパウダー……適量
オリーブオイル……適量
黒胡椒……適量

①モッツァレラチーズは手で食べやすい大きさにちぎる。
②①にからすみパウダーを好みの量かけ、オリーブオイルと黒胡椒をふる。

オリーブやドライトマト、バゲットと一緒に。贅沢な気持ちにさせてくれる一皿。

もてなしは気を張らずに

娘が小学校に上がったころからずっと変わらず仲のよい友だちが何人かいる。まだ十七歳なのに、つき合いはもうすぐ十二年にもなる。子どもが縁ではじまった親同士のつき合いも十二年。今や親戚のような関係が築かれている。皆さばさばと気持ちのいい性格で、つかず離れずのよい距離感。家の行き来も多く、子どもも親も一堂に会すると一〇人以上なんてこともざら。その日は大賑わいとなる。

人の家に招かれるのはとてもたのしいものだ。皆、もてなし上手だから勉強になる。こちらに肩肘はらせないよい加減を心得ていて毎度感心する。中でもいいな、と思ったのはある日のおでんパーティでのこと。ダイニングの脇に細長いテーブルがしつらえられ、その上にはガスコンロで温められたおでんの大鍋がどん。たこ串、ちくわぶ、餅きんちゃく、牛筋串、大根、玉子……おでんの具が書かれた紙が壁に貼られ、横には箸やグラス、まっ白なボウルが積み重なっている。「わー、なんだかお店みたい！」子どもたちもすごくうれしそうだ。

好きな具を盛ったらテーブルに座って、食べたり飲んだり。なくなったらまたてんでにおでんのテーブルへ、という具合。すっかりこのスタイルが気に入った。

よいものはすぐに取り入れるのが私の信条。大勢の来客時には、サイドテーブルに料理や飲み物、皿をたくさん用意し、好きに取ってもらうことにした。私自身が気をはることなくのんびりできるし、何よりみんなが気楽に過ごしてくれるのがうれしい。

お皿も料理も好き好きに取るデリ風スタイルは子どもたちだけでなく大人からも好評。

茹で鶏

晩ごはんにまよった時は、鶏を一羽買って茹でることにしている。鍋に鶏と水を入れ火にかけ、時々アクをすくいながらのんびり煮れば、おいしい茹で鶏ができる。
ねぎとしょうがをたっぷり入れたソースは茹で鶏にぴったりだ。これは二十年以上も前、母や姉たちと訪れた香港で覚えた味だ。私に特技があるとしたら、それは味の記憶をはっきりと思い出すことができるということではないか。かなり近い味になったと悦に入っている。

鶏……1羽
しょうがのスライス……5枚
ねぎの青い部分……1本分

ソース
ねぎ……1本
しょうがのすりおろし……大さじ3
太白ごま油……カップ1
塩……小さじ3/4
香菜、万能ねぎ……各適量

① 鶏はかぶるくらいの水を加え、しょうがのスライスとねぎの青い部分を入れて最初中火、煮立ってきたら弱火にして途中アクをすくいながら1時間ほど茹でる。
② 茹でている間にソースを作る。小鍋に太白ごま油とみじん切りにしたねぎを入れ、焦げないよう弱火でねぎが柔らかくなるまでゆっくり火を通す。
③ ②にすりおろしたしょうがを入れ、余熱で火を通し塩を入れる。
④ 茹で上がった①は適当な大きさに切り分け香菜と万能ねぎとともに皿に盛り、銘々ソースをかけながらいただく。

たっぷりの香菜と万能ねぎとともに。

スープにゅうめん（2人分）

鶏の茹で汁……カップ4
ナンプラー……大さじ1と1/2
万能ねぎ……適量
素麺……2わ

①鶏の茹で汁に、ナンプラーを入れ沸騰させる。
②素麺をさっと茹で、①に入れて柔らかくなるまでさらに火を通す。
③器に麺を盛り、スープを注いで黒胡椒（分量外）をたっぷりふり、小口切りにした万能ねぎを散らす。

れんこんのすり流し

れんこん……300g
鶏の茹で汁……カップ3
塩……適量
しょうがのすりおろし……適量

①れんこんは皮をむき、すりおろす。
②鶏の茹で汁を煮立て、①を入れ塩で味を調える。
③②にしょうがのすりおろしをのせる。

春菊としいたけのおひたし

冷蔵庫に旬の野菜で作ったおひたしが入っていると、ほっとする。ほうれん草や小松菜などの青菜はもちろん、水菜、菜の花、ゴーヤ、焼き茄子、湯むきしたプチトマト……ありとあらゆる野菜を使ってたくさん作りもりもり食べる。

おひたしには会津の山家屋《やまかや》の白だしを使う。よく行く飲み屋のおひたしがおいしかったので、聞いてみたらここのものだったのだ。さっそく取り寄せ作ってみたところ、味がぴたりと決まるので以来すっかりお世話になっている。

最近の気に入りは2種類の素材を組み合わせること。料理において食感は大切なものだと常々感じているけれど、この春菊としいたけのおひたしを食べると、しみじみとそのことを実感する。春菊のやわらかい葉の部分と茎の部分、それからしいたけ。2種類でもみっつの食感が味わえて、なんだか得した気分になる一品。

……………………

春菊………1把
しいたけ………3個
出汁………カップ3
酒………大さじ1
白だし………大さじ2

……………………

①春菊は5センチほどの長さに切り、しいたけは薄切りに。それぞれ別のお湯でさっと湯通しし、よく湯を切る。
②鍋に出汁と酒、白だしを入れ、軽く沸騰させる。
③①に粗熱を取った②を入れ冷ます。

夏は冷蔵庫から出したてのひんやりしたところを、冬はしばらく置いて常温で。

洋風肉じゃが

まだ娘が小さかったころ、ふたりでパリを旅した。飛行機の中で退屈してしまったり、時差ぼけに耐えきれずカフェで寝入ってしまったりと、それなりに大変なこともあったけれど、幼いうちにパリの街を感じることができたのは、彼女にとっていいことだったのではと思っている。昼は街を歩き、夜は部屋でごはんを作ってのんびり食べる。小さなキッチンがついたアパートはなかなか居心地よくて、レストランで過ごすのもいいけれど、こんな時間もまたいいものだな、そう思った。日本にいるとなんだかんだとせわしない私をひとりじめできるとあって娘も機嫌がいい。

いよいよ帰る時が近づき、冷蔵庫の片づけをしなければと思った時に目に入ったのが鶏肉とパセリ、バターに白ワイン。買いおきしたじゃがいもと玉ねぎも使わないといけない。白ワインを飲みながらなんとなくバターで玉ねぎを炒めはじめ、鶏肉を入れさらに炒める。そうだ！　水を足して、フリットにしようと思っていたじゃがいももこの中に入れてしまおう。

あり合わせの材料で作りはじめた料理は、素材の味に助けられて、とてもいい感じに仕上がった。中でもじゃがいものおいしさには目を見張るものがあった。フランスにはじゃがいもを使った料理がたくさんあるけれど、これだったら飽きずにずっと食べていられる。時々、たのしかったその旅を思い出して、この煮込みを作る。十年余りの間に、なぜだか呼び名は洋風肉じゃがになった。合わせるワインは白がいい。

鶏もも肉……2枚
じゃがいも……3個
玉ねぎ……1/2個
白ワイン……カップ1/2
水……カップ6
イタリアンパセリ……1束
塩……適量
バター……適量

①鶏もも肉は1/4ほどの大きさに切る。じゃがいもは皮をむき、食べやすい大きさに。玉ねぎは薄くスライスする。
②鍋を火にかけ、バターを溶かし、玉ねぎをさっとソテーする。
③②に鶏もも肉を入れ、表面に火が通ったらじゃがいもを入れる。
④③に水と白ワインとイタリアンパセリ半束を入れ、30分ほど煮、塩で味を調える。
⑤黒胡椒（分量外）をふり残りのイタリアンパセリを上にのせる。

キッチンで飲みながら

北海道で大学生活を送る甥《おい》っ子が、休みごとに横浜の実家に遊びに来るようになって三年が経つ。そこを拠点に海外に行ったり東京の友だちと会ったりしているようだけれど、年頃なのにおばあちゃんの家に何日も、場合によっては1カ月以上滞在するなんて、暇を持て余しはしないのかしら？と不思議に思っていた。ある時、なんとはなしにそのことをたずねると「全然。伊藤家はみんな食いしん坊だから、おいしいものがいっぱい食べられてうれしい」そんな返事が返ってきた。彼の胃袋は大いにこの家を気に入ったらしい。

　母はというと、いそいそと台所に立ち、孫のために好物を作る毎日。その様子を見

て、ああ、世話をかけるのも孝行のひとつなのだな、そう思った。
二十歳のバースデーも横浜の家で一緒に過ごした。その日はシャンパンで乾杯。まさかお酒を酌み交わすことになるなんてと母も感慨深げだ。その日から食卓には彼の分のグラスが並ぶようになった。どうやらイケる口らしく食事とともにお酒をたのしみにするようになった。
ある日、私が台所に立ちワインを飲みながら料理していると「お酒飲みながら?」と驚いた様子。母も甥の母である私の姉も、きちんとテーブルについてから飲むお行儀のよいタイプなのだ。作っている人の特権だからね、と言うと、急にいたずらっこのような目をして、飲む? とたずねると「うんっ」と言って私の横に立った。行儀が悪いと言われようと、これってやっぱりたのしい。また一緒に飲もうね。

切り干し大根の和えもの

ひじきの煮物も切り干し大根の煮物も、今までに数えきれないくらい作ってきた。作りすぎてじつは今少し飽きている。最近はもっぱら煮物より、サラダや和えものにすることが多くなった。ひじきはさっと茹でて、切り干し大根は水で戻したものを使うと煮るのとはまた違った食感になる。どちらも好きな素材であることに変わりはないので、新しい食べ方との出会いに心躍っている。おいしいじゃこが手に入ると作りたくなるのがこの和えものだ。しゃっきしゃきの切り干し大根、かりっとしたじゃこ、香ばしい白ごま、酢とごま油。私の好物ばかりを集めた一品だ。作りおきできるところも助かる。お弁当に、ごはんやお酒のおともに。我が家の新・常備菜である。

切り干し大根……………80g
じゃこ………50g
塩………適量
ごま油………大さじ2
酢………大さじ4
しょうゆ………少々
白ごま………大さじ2

①切り干し大根は水で戻し、水気をよくしぼる。
②じゃこはフライパンでからりと炒り、粗熱を取る。
③ボウルに①と②とそれ以外の材料を全て入れ、手でよく和える。

白い食材ばかりを集めた、見た目にも美しい和えもの。

大人味の唐揚げ

しょうゆと酒、しょうがで下味をつけた鶏の唐揚げは、小さなころから食べ慣れた母の味。鶏の唐揚げと言えばこの味つけ、というのがしっかり頭に刷り込まれている。うちの娘や姪《めい》、甥たちも母の唐揚げは大好物。同じ味つけ、同じ揚げ方でもう幾度となく作っているのに、なかなか母の味を超えることはできない。超えられないなら、違う味で作ってみようじゃないかと、日本酒は紹興酒に、下味に五香粉《ウーシャンフェン》などを入れて中華風味の唐揚げを作ってみたら、こっくり味わい深い唐揚げができた。我が家では母仕様の唐揚げは今までと変わることなく「唐揚げ」、私仕様の唐揚げを「大人の唐揚げ」、そう呼ぶことにした。料理に紹興酒を使うことが多いけれど、毎度すごい仕事ぶりだと感心する。これだけで一気にコクが出るのだから。もしもふだんの味を少し変えてみたいと思ったら酒を紹興酒にするといいと思う。

鶏……半羽もしくは色々な部位を揃える
しょうゆ……カップ1/2
紹興酒……カップ1/2
しょうが……ひとかけ
五香粉……小さじ1
ねぎの青い部分……1本分
八角……3、4個

①鶏はぶつ切りにし、食べやすい大きさに切る。しょうがはすりおろす。
②ボウルに①とそれ以外の材料を入れ、1時間以上漬ける。
③片栗粉（分量外）をうすくまぶし、180度の油（分量外）でからりと揚げる。

こっくりとした味わい深い唐揚げに合わせるお酒は、やっぱり紹興酒。

ワイングラスはリーデルのヴィノムシリーズ

ずっとステムつきのワイングラスとシャンパングラスをたくさん揃えたいと思っていた。買いあぐねていた理由はいろいろある。なんといっても私の希望は白、赤、シャンパン用のグラスをそれぞれ一二客ずつ揃えること。とはいえ食器棚のスペースには限りがあるし、そう毎日は来客もない。ふだんの暮らしだったら二脚あればこと足りるのだった。

ある日、友人が一〇人ほど仕事場に集まることになった。おそろいの白いプレート、きちんと磨いたシルバーのカトラリー、まっ白なリネンのナプキン、そしてワイングラス。それらがテーブルの上に並んだら、さぞかしすてきだろう。もうそれだけで最高のおもてなしになるんじゃないか。頭の中はワイングラスを買うことでいっぱいになってしまった。

思い立ったが吉日。私は勇んで合羽橋《かっぱばし》に繰り出し、手持ちのものと合わせて全部で一二客ずつになるようにグラスを買い足した。帰ってすぐに箱からグラスを取り出して、きゅっきゅと洗い、せっせと拭く。心配していた収納場所は、大皿を重ねたり、隙間をせばめたりしてなんとか確保できた。その気になればなんとかなるものなのだな、ずらりとワイングラスが並んだ食器棚を眺めながらうれしく思った。

リーデルのヴィノムをえらんだのには理由がある。もともと持っていたからというのもあるけれど、定番なのでいつでも買い足しができ、かつ値段が手頃。使う側としては、ここはとても重要なのだ。

グラスはリネンのキッチンクロスでみがき、棚へ。
つねに美しい状態を保つために、まんべんなく使うようにしている。

ちょっと酸っぱいポテトサラダ

「今からちょっと寄ってもいい？」友だちから急な連絡があり慌てた。きっとお茶だけでは飽き足らず、ワインでも抜く？ ということになる。買いものに行こうかと思ったけれどすぐ近くにいるというので、今から出たら間に合わない。家にあるもので何か作ろう。じゃがいもを蒸し、玉ねぎを薄くスライスして水にさらす。このふたつの食材はいつも買いおきしているからこういう時、助かる。少し柔らかめに火を通したじゃがいもを酢とオイルでよくよく混ぜた後、玉ねぎを入れ、全体を馴染ませる。できあがったポテトサラダを器に盛りつけ冷蔵庫に入れたところで、玄関のチャイムが鳴った。ポテトサラダ作ったんだよ、そう告げるとうれしそうな顔をしてお土産を差し出した。中に入っていたのはドイツのビール。さすが友。気が合うねと顔を見合わせて笑い合った。

- じゃがいも……3、4個
- 玉ねぎ……1/4個
- りんご酢……大さじ4
- オリーブオイル……大さじ3
- 塩……適宜
- 黒胡椒……適量

①じゃがいもは皮のまま蒸して中まで火を通し、熱いうちに皮をむく。
②玉ねぎは薄くスライスして水にさらす。
③ボウルにひとくち大に切った①とりんご酢とオリーブオイル、塩、黒胡椒を入れよく混ぜる。
④③に水気をよく拭きとった②を入れ、さっと混ぜる。

マヨネーズ味もいいけれど、時には目先を変えて酢だけで。

きくらげの和えもの

きくらげは私の大好物だから、台湾へ旅をした時は枕くらいの分量を買い込んでくる。炒めものにスープに……とたくさん入れてたくさん食べる。数あるきくらげ料理の中でも、最も気に入っているのが、台北の食堂で前菜として出てきたこの和えものだ。しょうゆとごま油、酢というシンプルな味つけの中に、香菜の茎やみじん切りにしたしょうが、白ごまがアクセントになっていてやみつきになった。作りおきもできるので、来客の時はとても助かる。前菜としてはもちろん、箸休めにもいい。

食べた人はどうやって作るの？ と聞いてくる確率が高く、家で作ってすっかり定番になったという人も多い。料理を作る側としてはこんなにうれしいことはないので、きくらげを台湾土産に……なんてこともしょっちゅう。私のまわりはきくらげ好きが増えるばかりで、これもまたうれしい。

乾燥きくらげ……30g
しょうゆ……大さじ2
ごま油……大さじ1
酢……大さじ3
白ごま……大さじ2
しょうが、香菜の茎部分……各適量

①きくらげは水で戻し、たっぷりのお湯でさっと茹で、ざるにあげて冷ます。
②しょうがはみじん切り、香菜の茎も細かく切る。（分量の目安はみじん切りにしたしょうがが大さじ1、香菜は大さじ2くらい）
③ボウルに①と②、しょうゆ、ごま油、酢、白ごまを入れて和える。

体にもいいというきくらげ。いつも多めに作りもりもり食べる。

干しえびのソース

干しえびは、台湾できくらげとともに必ず買って帰ることにしている。こちらはさすがに枕くらいというわけにはいかないから、だいたい一キロ。冷蔵と冷凍用に小分けして保存し、料理に使う。だんだんと少なくなってきた時が台湾への旅のしどきである。

素材がいいと特に凝ったものを作らずともおいしいものができあがる。干しえびを細かく刻み、みじん切りにしたねぎと一緒に油で煮たこのソースもまたそんな料理のひとつだ。できあがるとその日はまず盃や豆皿などの小さな器に盛り、紹興酒と一緒にちびちび食べる。白いごはんとの相性もいい。もりもりいける味だけれど、しめに食べるなら飯椀《めしわん》にはごはんはさりげなく品よく、少なめによそいたいものだ。

このソース、白いごはんはもちろんのこと、鶏スープのにゅうめんや素揚げしたいんげん、蒸した豆腐などとの相性もいい。ソース自体が味わい深いので、シンプルに食べるのが一番。ぜひおためしあれ。

ねぎ……1本
干しえび　カップ1
太白ごま油　カップ1と1/2

①ねぎと干しえびはみじん切りにする。
②小鍋に太白ごま油と①を入れ、弱火でねぎがやわらかくなるまで焦がさないようゆっくりゆっくり火を通す。

ソースは煮沸消毒した密閉瓶に入れて冷蔵庫で保存すれば10日ほどもつ。小瓶に入れて冷凍しても。

素揚げいんげんの干しえびソース

いんげんは端の硬い部分を取り除き、
180度の油でじっくり揚げる。
目安はいんげんの表面が
しわしわになるくらい。
干しえびのソースをかけ、
よく和える。

蒸し豆腐の干しえびソース

水切りした絹ごし豆腐を
蒸籠《せいろ》で10分ほど蒸し、
干しえびソースをかける。
蒸籠ごと出すと
テーブルの上が華やかになる。

かぶのサラダ

台北の旅で必ず一度か二度は予定に組み込む雲南《うんなん》料理の店がある。ていねいに取られた上湯で作られるグリーンピースのスープや麺は、ひとくち飲むだけで体中を透明にしてくれるような繊細で美しい味。連日の食べ過ぎ、飲み過ぎの胃を整えてくれる。そこで出会った雲南かぶという一抱えもありそうな大きなかぶのサラダがとても印象的で、家でも似たようなものが作れないかとあれこれ考えて作ってみたのがこのサラダだ。もちろん雲南かぶが手に入るはずもなく、レシピを聞いたわけでもないので、店の味にはおよばないけれど、これはこれでおいしいのでいいんじゃないかと思っている。よく混ぜ、かぶがトマトでピンク色に染まったらでき上がりの合図。香菜がいいアクセントになっている。

かぶ………5個
塩………小さじ1
ごま油………大さじ2
トマト………1個
香菜………適量

①かぶは皮付きのまま千切りにし、塩をふってよくなじませ、しばらくおく。
②トマトは2センチほどのざく切りに、香菜は3センチ長さに切る。
③①の水気をよく切り、②とごま油を加えてよく和える。

身近な素材なのに、今まで考えつかなかった料理。だから旅はたのしい。

小さな湯のみを酒器に

台湾の人たちはどうしてあんな小さなグラスで紹興酒を飲むのだろうと不思議に思う。だってグラスをくいっと傾ければ、ほんのひとくちで飲み終わってしまうのだから。ええい、まどろっこしいっ。そう思ってビール用のグラスで、ぐびぐび飲みたい気持ちにならないのだろうか？　私はなる。でもぐっとこらえてやめておく。その土地に旅をしたからにはその土地の流儀に従うのが筋だと思っている。

ひとり家で飲む時は、だれの気がねもいらないから、おちょこではなく少し小ぶりの湯のみに、冷蔵庫から出したてのお酒をとぷとぷとついで肴《さかな》と一緒に少しずつたのしむ。大きさは半合くらい入るものが望ま

しい。ふだんはビールの後に湯のみ一杯。調子のいい日は二杯。調子に乗った日はそれ以上。よいお酒は悪酔いしないからと、心の中で言い訳をしながらまたとぷとぷとそそぐのだ。

知人の陶芸家の展覧会に行った時に、お酒を飲むのに頃合いのよさそうな湯のみがたくさん出ていた。粉引きあり、焼きしめあり、形もすっとした円筒型や、おちょこがそのまま大きくなったようなものもあって、お酒の時間がたのしくなるようなものばかり。自分のために使うものだから、揃いで買う必要もない。これとあれをひとつずつ。そんな気楽な揃え方ができるところも気に入っている。だからか、ずいぶんお酒用の湯のみが増えてきた。今日はどれにしようかなと迷う時間もまたたのしい。

水上バスでハイボール

うれしいことに、年上のおじさん……いやおじさまの飲み友だちがたくさんいる。東京の下町で荒物問屋を営んでいる松野屋の松野社長もそのひとりだ。ちゃっきちゃきの江戸っ子である松野さんは、いつも私の知らないとびきりの下町案内をしてくださる。

集合はいつも早めの午後三時ごろ。ある時は、谷中の食堂で支那そばと一緒に瓶ビール。またある時は浅草寺近くの飲み屋でちびちびと日本酒を。そのあともう一軒、蕎麦屋やバーでさくっと飲んで八時前には解散する。まだ宵の口だから、もう少し飲めますよ、という言葉が喉から出そうになるけれど、松野さんの心のうちは「だらだら飲むのは粋じゃない」と言うことなのだろうと思ってだまっておく。松野さんのおかげで早めに切り上げるお酒の気持ちよさを知った。

中でもこれはいい。そう思ったのが浅草から出る水上バスに揺られながらのお酒だ。観光客に人気の景観のいい階上の席ではなく、おすすめは地階のテーブル席。なんせ人が少ないからゆっくり飲めるし、売店が同じ階にあるから、お酒がなくなってもすぐに買いに行ける。ガラス越しに東京の街を眺めつつ飲むハイボールは格別のおいしさがある。

これに気をよくした私は、以来、浅草で食事をする前には必ずと言っていいほど、この水上バスに乗り込みハイボールを一杯飲むことにしている。浅草から出発して日の出桟橋で折り返しまた浅草へ。所要時間八十分の東京クルーズ。やみつきになりますよ。

春も秋も、
天気のよい日も
またそうでない時も。
いつでも船に乗る時は
ウキウキする。

のんびりした時間を楽しみたいなら
平日の夕方、
空いている時を見計らって乗るといい。
船の窓から見る景色は、
いつもの東京とは
また違った顔をしている。

船の中で飲む
ハイボールのおいしさは、
遠足のバスで食べる
おかしのそれに
よく似ているような気がする。
プラスティックのカップも
気分を盛り上げてくれる
小道具のひとつ。

神谷バーでデンキブラン

水上バスを降りて徒歩で二、三分。吸い込まれるように入るのが浅草寺近くの神谷《かみや》バー。創業は明治十三年。日本初のバーとして浅草のこの地に誕生した。バーと言っても敷居の高さは一切ない。営業は午前十一時半から。昼間からほろ酔いで、隣り合ったおじさんやおばさんと天気の話なんかに花が咲いちゃう、気楽で、なんだかあったかい店だ。

串かつ、かにコロッケ、煮込みなどの定番メニューから、やきとり、ちくわとはんぺんの磯辺揚げなどの下町の味、フレンチポテトやカマンベールチーズ揚げなんていう洋風のおつまみも充実。ぬたやお刺身などもあり、ここに来るとみんながてんでに好きなものをたのむものだから、テーブルの上はいろいろな方向性の料理が並ぶことになる。そしてそれが、めっぽうたのしい。

ここで忘れてはならない飲みものが、名物のデンキブラン。ブランデーをベースに、ジン、ワインキュラソー、薬草などがブレンドされた、アルコール度数三〇度のたいそう強いお酒だ。ちなみに電氣ブラン〈オールド〉というのもあって、こちらは四〇度。最近、私はこのオールドをたのみ、ビールをチェイサーにちびちび飲むことにしている。通でもないのに通ぶったこの飲み方は、近くで飲んでいたお客さんに教えてもらった。年は八十歳くらいだろうか。口ひげをたくわえた紳士で、浅草に来ると、この店に寄るんだよと言っていた。お酒を飲む姿がかっこいい人のことは大いに真似をしている。

デンキブラン
神谷バー
ごあんない
5月28日 29日・6月25日 26日
10% 増量
特大ジョッキ

前もって食券を買って
席で待っていると、
次々にお酒やおつまみが
運ばれてくる。
気取らないのが
この店の流儀。

生ハムといちじく

生ハムは前菜として、よく我が家のテーブルに登場する。晩ごはんを軽くすませたい時は、生ハムとフルーツにパスタ、それにスプマンテでも飲めば満足。チーズとともに、いつも冷蔵庫に用意しておきたい食べもののひとつだ。合わせるフルーツは季節のものを。メロンは皆が知るところだけれど、パパイヤや桃、洋梨や柿もおいしい。酸味がとがっていたり、かたい食感のものよりは甘くて、しっとりとした、フルーツとの相性がいいように思う。

夏から秋に季節が変わりはじめるころ、いちじくが登場する。私はいちじくのなんとも表現しがたい食感や味わい、香りが大好きなので毎日のように買ってせっせと食べる。もしかしたら生ハムと合わせるフルーツで一番登場回数が多いのはいちじくかもしれない。好きが高じて鉢植えをひとつ手に入れた。大切に育てればいつか実をつけるかもしれない。小さな鉢植えに大きな期待を寄せた。

育てるたのしみ以外に、いいことがもうひとつあった。葉を生ハムに添えるととてもいい感じなのだ。楕円の皿に大きめの葉をおき、切ったいちじく、その上に生ハムをはらりはらりと空気を孕《はら》ませながらおく。ただ葉があるだけなのに、皿の上の景色はいつもとまったく違って見えた。リムの広いこの皿は、ここ数年いちじくと生ハム専用になっている。あれこれ使い回せる皿もいいけれど、時には専用の皿があってもいいのでは、と思っている。

テーブルからお皿を見る角度を意識しながら、絵を描くように盛りつけるといい。

花とシャンパン

友人宅で持ち寄りの集まりがある時は、お土産にシャンパンを持って行くことにしている。評判のシャリュキュトリーの近くに住む友人は生ハムやサラミ、ビオワインにくわしい人は、その日の料理に合わせた白と赤を、お菓子作りの得意な人はデザートを……特に相談せずとも、それとなく暗黙の了解のようなものができていて、同じものが重なってしまった！ということにならないのがいい。酒飲み同士の結託はすごいものだといつも感心する。

泡担当の私としては、常々細心の注意を払って持って行きたいものだと思っている。保冷剤で瓶のまわりをがっちりと囲んだり、ボトルクーラーにすぽりと収めたこともあったけれど、最近は、バケツに氷をつめ、そっと抱えて持って行く方法に落ちついた。これなら到着した時にはキンキンに冷えているからすぐに乾杯ができるし、料理やテーブルセッティングやらで、なにかと忙しいホストに氷やワインクーラーを用意してもらう必要もない。

余力がある時は、そのバケツに花を入れる。氷を花留め代わりにし、庭に咲いていたものを持って来たんです、という感じにさりげなく活ける。シャンパンより見た目も香りも目立ってはいけない。

帰りはいつも空のバケツを抱えて持って帰ることになる。バケツを持ってひとり夜道を歩く私を、すれ違う人はきっと不思議に思うに違いない。でもこちらは上機嫌で酔っぱらっているものだから、まったく気にはならない。

水は入れずに氷をたっぷり。今日はロゼシャンパンを。

いわしのオーブン焼き

毎年、いわしの出まわりはじめる六月ごろから、この時期に食べておかないとそわそわして落ちつかなくなる。新鮮ないわしは三枚におろしてから塩をふり、一晩冷蔵庫で寝かせる。翌日からが食べごろで、まずはビネガーに漬けて紫玉ねぎのみじん切りと一緒に。よく冷えた白ワインやスパークリングワインとの相性は言わずもがな。白いプレートにちんまり品よく盛ると洒落た前菜にもなるから、初夏の来客時に頻繁に登場することになる。

もうひとつよく作るのがこのオーブン焼きで、耐熱皿にいわしとプチトマトなどの材料を並べオリーブオイルをかけるところまで準備しておけば、あとはオーブンで焼くだけという気楽さ。ふだんからよくテーブルにのぼるけれど、マリネ同様こちらもお客様が来た時に作ることも多い。

いわしは手開きで簡単におろすことができるので、魚をさばくのは苦手、という人にも取っつきやすい魚ではないかな、と思う。もしもそれでも……という人は、魚屋さんに頼んでしまうというのも手。いつだったたか、旅先の市場でおいしそうないわしを見つけたので、処理をお願いし送ってもらうことにした。その場で突然思い立ち、慌てて近くのデパートに駆け込んでフランスの塩を調達。魚屋のお兄さんに、この塩ふって！　とお願いしたことがある。翌日、いい具合に馴染んだいわしが届き、よい手を思いついたなぁとにんまり。このオーブン焼きを見ると、その時のことを思い出す。旅のよい記憶のひとつだ。

耐熱皿の大きさに応じて並べ方もいろいろ。今日は一列に。

いわし………6尾
にんにく………ひとかけ
プチトマト………10個
タイム………適量
オリーブオイル………適量
塩………適量

①いわしは3枚におろし、少しきつめに塩をふり、冷蔵庫に一晩おく。
②プチトマトは半分に切る。にんにくは半分にし、芯を取ってスライスする。
③耐熱の器に水気をよく拭きとった①と②、タイムを入れ、オリーブオイルをたっぷりまわしかける。
④180度のオーブンで15分ほど焼く。
◎いわしは新鮮なものを。

ペペロンチーノを作り、仕上げに焼きあがったいわしをほぐし混ぜても。

パセリのサラダ

写真家の長嶺輝明さんに初めてお目にかかったのは、二十二歳の時のこと。長嶺さんの撮る料理の世界に憧れてこの仕事をえらんだ私にとって、本の中でしかお目にかかれなかった方が目の前にいるのだから、うれしくてしょうがなかったことを覚えている。長嶺さんはだれに対しても垣根がまるでない。当時スタイリストのアシスタントをしていた私にもいつも気さくに話しかけてくれ、いろいろなところに遊びに連れて行ってくださった。東京生まれの東京育ち。レストラン、あるいはその後に立ち寄るバーで、長嶺さんの物腰はどこまでもスマートで、学ぶところが多かった。私もいつかこんな大人になりたいものだと思ったものだ。

先日、久しぶりにお目にかかる機会があり、近いうちに食事でもということになった。店はおまかせしますと伝えると数日後にこんなメールがきた。「十条のディープなパレスチナ料理？　馬肉系イタリアン？　ガード下羊肉系中華？　下町お好み焼き屋？　そそられる店ありますか？」さすが年季の入ったシティボーイ。あらゆる店のあらゆる味を示してくれた。

あれこれ考えた末、パレスチナ料理がいいですとお答えし、久しぶりのデートがかなった。初めて食べるパレスチナ料理はなかなかに新鮮で、でもどこか懐かしく、私はすっかりこの「ディープ」な店が好きになった。中でも印象深く、帰ってから何度となく作ったのがこのパセリのサラダだ。パセリの独特の風味は肉も魚もどんと受け止めてくれる。箸休めならぬフォーク休め？　になるし、なによりワインとの相性もよいところが気に入っている。

レモンの酸味が効いたさっぱりとしたサラダ。
パセリ好きにぜひ作ってほしい一品。

パセリ……………1袋
トマト……………1個
レモン……………1個
クスクス…………大さじ4
塩……………適量

①パセリは、茎から葉を摘み取り、みじん切りにする。
②トマトは湯むきして2センチ角くらいに切る。レモンはしぼる。
③①に②とクスクスを粒のまま入れ、塩で味を調える。クスクスに汁気がしみ込んだ2時間後以降が食べごろ。冷蔵庫でよく冷やして。

ひとくちカレー

夏のある日、カレーパーティをしようということになった。ほうれん草カレー、完熟トマトと玉ねぎだけの水分で作るカレー、挽肉と茄子のドライカレー。前の晩から張り切って仕込み、あとはチャパティを焼くだけというところで、ハタと小さなお客様は食べられるのかしら？　と不安になった。どれもスパイスをたっぷり効かせていたので、刺激が強すぎるかもしれない。慌てて玉ねぎを炒め、カレールーの甘口を使って子ども味のカレーを作った。

宴も終盤に近づいたところで「ねぇ、あれまだある？　ちょっと食べたい」意外なことに大人たちが子どもカレーを食べたがる。小さな器に盛ってひとくちずつお出しすると、懐かしい、ほっとするの大合唱。子どものころから慣れ親しんだ味は、飲んだ胃にやさしく染み込んだらしい。子どもがいない場合は中辛で。好みのルーでどうぞ。

◎カレー
玉ねぎ……1個
カレールー（中辛）……60g
水……400g
バター……適量

ごはん……適量
茹で卵
ピクルス……各適量

①鍋にバターを熱し、玉ねぎを飴色になる寸前までよく炒める。
②①に水を注ぎ、10分ほど煮たらルーを入れ火を止める。
③小さな器にごはんをよそい、②をかけ、薄く切った茹で卵とピクルスを乗せる。

ごはんは半膳くらいがちょうどいい。「ひとくち」というところがポイント。

白ワインのサングリア

サングリアは赤ワインで作るのが一般的だ。赤ワイン独特の渋みは柑橘類《かんきつるい》によく合うし、味に深みも出る。よくよく冷やして大きなガラスの器にサーブすると、テーブルの上がはなやかになるから、来客の時の食前酒としてもよく作る。

ある時、前の晩に開けた白ワインがたくさんあまっていたので、オレンジやグレープフルーツを浸けてみたらこれがなかなかさっぱりしておいしい。以来、白ワインのサングリアもちょくちょく作るようになった。

フルーツの甘みを引き立たせるためにも、使うワインはきりりとした辛口がいい。砂糖は好みで増やしても、または入れなくても。ビールもいいけれど、ちょっと気の効いた食前酒に、おっ？　と思ってくれる人も多いから、ぜひ。

辛口の白ワイン……1本
オレンジ……2個
グレープフルーツ……1個
グラニュー糖……大さじ4

①オレンジとグレープフルーツは輪切りにする。
②①に白ワインとグラニュー糖を入れ、冷蔵庫で一晩冷やす。

飲み残しのワインにオレンジを入れてひとり分作ることも。
よい加減で作れるのがサングリアのいいところ。

水茄子とブルーベリーのサラダ

水茄子のことが好きで好きでたまらない。瑞々しい食感やころりとしたいでたちはもちろん、刃物をあてると茶色くなってしまう繊細さまでも。そんな私の熱い想いが伝わったのか、おととしから夏の間、家の近所のスーパーに毎日入荷するようになった。今や冬でもゴーヤや茗荷が手に入る時代、水茄子だけは律儀に旬を守っている。そのわずかばかりの旬を見逃してなるものか。スーパー通いに気合いが入る。

それにしても、傷みやすいであろう水茄子を毎日、仕入れてくれるそのスーパーの野菜仕入れ担当の方はよっぽどの水茄子好きなのだろうか。感謝の気持ちを伝えたくて、売り場に行くたびキョロキョロするけれど、なかなかお目にかかれない。

買ってきた水茄子は、ヘタを切り、あとは手でやさしく割く。濃いめの塩水に浸け、氷を入れた器に盛って……というのがいつもの食べ方だけれど、ちょっと洒落たい気分の時に作るのがこのサラダだ。赤ワインビネガーの酸味とブルーベリーのやさしい甘みが、意外にも水茄子とよく合う。塩はぜひ粒っとした食感の味わい深いものをえらんでほしい。水茄子の味をひきたててくれるから。

夏にぴったりのこのサラダは、冷えたスパークリングワインが合う。ああ、冬の温かくて乾燥した部屋の中で食べてもおいしいだろうなぁ……とつい欲張りな気持ちになるけれど、そこはがまん。夏しか味わえないからいいのだ。

水茄子……2本
ブルーベリー……1パック
赤ワインビネガー……小さじ½
塩……適量
オリーブオイル……適量

①水茄子は食べやすい大きさに手でさき、濃いめの塩水につける。
②ボウルに水気を拭きとった①とブルーベリー、赤ワインビネガーを入れ、さっと混ぜ、オリーブオイルをまわしかける。
③好みで塩をし、黒胡椒（分量外）をふる。

季節のフルーツのマチェドニア

フルーツを適当な大きさに切り、その時の甘みの様子をみながら砂糖を入れ、グランマニエをたらりと入れたらできあがり。サングリア同様マチェドニア作りの気楽さは私の性に合っている。

使うフルーツはなんでもいいけれど、種類は多い方が複雑な味に仕上がる。柑橘だけ数種類とか、いちごやラズベリー、ブルーベリーでベリーのマチェドニア、または柿と梨とぶどうで秋の味なんていうのも洒落ている。脈絡無く合わせるより、甘みや酸味のバランスや色あいなどを考えるとバランスよく仕上がる。

グランマニエは、お好みでどうぞ。でも甘くて口あたりがいいから食べ過ぎにご用心。酔いがまわってしまいますよ。

季節のフルーツ……600g
(この時は梨、マスカット、パイナップル、キウイ)
グラニュー糖……大さじ3
ホワイトキュラソー……大さじ3

①フルーツは皮をむき1・5センチ角くらいの大きさに切る。マスカットは皮つきのままでよい。
②ボウルに①を入れ、グラニュー糖とホワイトキュラソーを入れてよく和える。冷蔵庫で1、2時間冷やす。
③好みでミントの葉（分量外）を添える。

ホワイトキュラソーはコアントローが手に入りやすい。今日はグリーンと白のマチェドニアに。

リモンチェッロ

パティシェの友人から宇和島の完熟レモンをもらった。酸味がまろやかで果汁はジュースのようなのだという。「無農薬だから皮も安心して食べられるよ」とのこと。さっそくリモンチェッロを仕込むことにする。むいた皮を瓶に入れスピリタスを注ぎ、十日ほど漬け込んだ後、シロップと混ぜれば完成。なんともさわやかな食前酒、または食後酒になる。私はいつも冷凍庫に入れておき、溶けかけたものをグラスに注いで飲む。きーんと冷えたリモンチェッロを食後にくいっといくと気持ちがしゃきっとする。二日酔いにもなりにくいような気がする。

中の実はスライスしてはちみつに浸ける。これでレモネードを作ってビールで割り、パナシェにするといい。おいしいレモンはお酒の時間を充実させてくれる。

無農薬のレモン……5個
スピリタス……カップ2
グラニュー糖……300〜350g
水……カップ2

①レモンはピーラーなどで薄く皮をむく。
②煮沸消毒した瓶に①とスピリタスを入れ10日ほどおく。
③鍋にグラニュー糖と水を入れ火にかけ、煮溶かす。
④③を冷まし、皮をとりのぞいた②と合わせる。

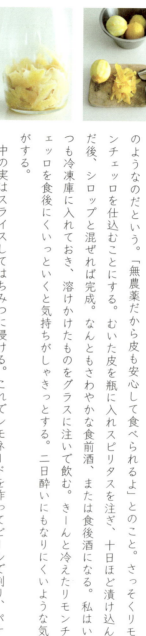

簡単なのにびっくりするほどおいしい。冷凍庫でキンキンに冷やしてどうぞ。

クネッケとたらこのペースト

夏に北欧を旅してきた。フィンランドもスウェーデンも十年ぶりだ。その時も季節は初夏だった。十日あまりの間に何度か移動して、あちらこちらの街に行った。旅から帰ってきた今でも時々思い出すのは、子どもたちの澄み切ったブルーの目だ。それは北欧の空の色でもあるし空気の色でもあるし湖の色でもある。この色は他の国では見ることはできない。

旅に出ると、いつもその土地の食材をスーツケースに詰め込んで持って帰ってくる。荷作りがコンパクトなのにもかかわらず、スーツケースをふたつ持って行くのは、このために他ならない。今回の旅でもたくさんの収穫があった。スーパーで手に入るピンク色の缶のアンチョビ、男の子のイラストが描かれたチューブ式のたらこのペースト、ナッツのはちみつ漬け、お茶、クネッケ……どれもおいしそうなのはもちろん、パッケージがなんとも洒落ている。クネッケは割れるのが心配だったから手持ちで抱えるように持って帰ってきた。おいしい時間のためならば苦労はいとわない。

旅から帰ってきてしばらく、舌の記憶をたよりに北欧の料理を作った。ストックホルムで買ったクネッケは一〇種類。それぞれどんな味か食べくらべてみるのもおもしろい。クリームチーズをたっぷりぬりその上にたらこのペーストをこれまたたっぷり。ディルや茹でたじゃがいもと一緒に食べれば、あの旅の思い出がよみがえってくる。

この食材がなくなるころ、私はまたきっとどこか遠くへ旅に出たくなるに違いない。

トレーもカトラリーも北欧の戦利品。さすがにクネッケやペーストと相性がいい。

小えびのオープンサンド

スウェーデンには、フィーカといってコーヒーと一緒にあまいものをつまんで一息つく習慣があるそうだ。フィーカの時間は、スウェーデンの人たちにとって食事と同じくらい日常的、そして欠かすことはできない存在らしい。私もストックホルムでの街歩きでは、ぜひともフィーカをたのしみたい。そう思ってチャンスを狙っていた。ところが夏の乾燥した空気の中、カフェで目につくのはビールやワインばかり。せっかくすてきなティーサロンに入ったというのに、お茶ではなく私がオーダーしたのはシャンパン。冷えたシャンパンとともに食べたのが、この小えびと茹で卵のオープンサンドである。茹で卵とマヨネーズというサンドウィッチの定番の具が、ディルと小えびで洒落たものになっていて、これには感心した。この旅で、ついに私はフィーカを一度もせず、喉が渇いたと言ってはビールばかり飲んでいた。次回は秋口に訪れてぜひともフィーカの時間をたのしみたいと思っている。

黒パンのスライス……4枚
小えび……12尾
茹で卵……2個
マヨネーズ……大さじ5
ディル……ひと枝
レモン……適量
オリーブオイル……適量

① 小えびは塩茹でして冷まし、オリーブオイルを少量混ぜる。
② 茹で卵はフォークなどで粗くつぶし、マヨネーズとちぎったディルを入れてよく混ぜる。
③ 黒パンの上に、②、その上に①をのせ、レモンをかけながらいただく。

卵サンド北欧版。ディルとレモンは好みで追加を。

モヒート

庭のミントが驚くほどよく育つ。ミントティーにしたり料理に使ったりしてしょっちゅう摘んではいるものの、摘んだそばからビュンと勢いよくはえるようでなかなか消費が追いつかない。そこで思い出したのが、ホワイトラムとライム、ソーダ、そしてたっぷりのミントを使って作る、モヒートの存在だ。暑い夏の日などバーに行くと頼むことの多かったあの清々しい飲みものが家でもたのしめるなんて、すごくいい。

こうして始まったモヒート生活はそれはすてきだった。ライムさえ買いおきしておけば、いつだって飲めるんだから。作っていると台所が夏の香りに包まれるところも気に入っている。ラズベリー入りのモヒートはスウェーデンで出会った味だ。ミントにラズベリーの風味が加わって味も見た目もかわいらしくなる。この夏、何度も作り、ラズベリーモヒートはすっかり私のスタンダードに加わった。

ホワイトラム……大さじ3
ライム……1/4個
グラニュー糖……大さじ1
ミントの葉……20枚
炭酸水……適量
ラズベリー……適量

①ライムは1センチの角切りにしてグラスに入れる。
②①にグラニュー糖とちぎったミントの葉を入れ、スプーンなどでよくつぶす。
③②にホワイトラムを入れさっとかき混ぜ、炭酸水を注ぐ。
④好みでラズベリーを入れる。

ラズベリーは冷凍しておくといつでもたのしめる。

蒸し茄子中華風

遠くに離れて住む友人が、夏になると毎年、我が家に遊びにやって来る。あまり会えないからと、近所に住む友人も招いてその日は大人と子ども、総勢一〇人くらいでテーブルを囲むことになる。メニューは何がいい？　と聞くと決まって返って来るのが「茄子の蒸しもの」という答え。冬瓜《とうがん》のスープ、茹で鶏、きゅうりの甘酢漬け、そして蒸し茄子。結局いつものメニューに落ちつくことになる。

蒸した茄子は味のしみ込み方を考えると食べる三時間くらい前に作るといい。冷蔵庫で一時間ほど冷やすとちょうど食べごろ。みんなが来る前に仕込んでおけるから、慌てないですむところも気に入っている。さっぱりしているから箸も、そして紹興酒もすすむ。

茄子……5、6本
ねぎ……1/2本
香菜……適量
しょうが……ひとかけ
しょうゆ……大さじ3
酢……大さじ4
ごま油……大さじ2
豆板醤……小さじ1

①茄子はヘタを残し、皮をむいて4カ所ほど切り込みを入れ水に浸けアクを取る。
②①を蒸し器で10分ほど蒸し（目安は竹串がすっとささるくらい）ボウルなどに移して粗熱を取る。
③しょうがはすりおろし、ねぎと香菜はみじん切りにする。
④ボウルに③としょうゆ、酢、ごま油、豆板醤を入れ、②にかけよく和える。
⑤香菜をそえる。

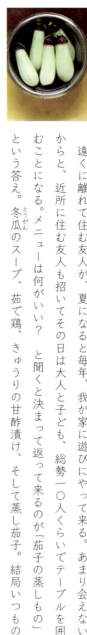

蒸してやわらかくなった茄子に香味野菜たっぷりのソースが合う。

じゃがいもと中華腸詰のマスタード和え

ふと気がつくと、よくじゃがいもを使っている。ぽくっとした食感が好きなのだと思う。火の通し方によって「ぽくっ」加減も変わるから、そこも興味深く、少し固めからくずれる直前まで、料理によって固さを変えている。

この和えものは少し固めがいい。さいの目の形がきちんと残った方が見た目に美しいからというのがその理由。盛る時も豆皿にちょこっとずつにすると、見慣れた食材のじゃがいもが少しすました顔になる。

中華腸詰は、中華街でもとめたものだ。買いおきして冷凍しておくとなかなか重宝する。焼き目をつけて豆板醬や香菜を添えて、またはごはんに混ぜ込んで。いずれにしても八角の風味が効いた大人味の腸詰は、お酒にもってこいだ。

中華風でもあり洋風でもあるこの料理はビールやワイン、紹興酒……不思議とどんなお酒とも合う。いろんな垣根を飛び越えて自由になればいいのだ。料理も、それからお酒も。

じゃがいも……1個
腸詰……1本（約100g）
マスタード……大さじ1

①じゃがいもは皮ごと蒸して中まで火を通し、粗熱が取れたら皮をむき1センチ角のサイの目に切る。
②腸詰はフライパンでこんがりと焼いて、5ミリ幅に切る。
③①と②をマスタードで和える。

器はマスタードに合わせてマスタード色の珉平焼《みんぺいやき》を。

ミモザ・ニューヨーク風？

十代のころから、気持ちがヨーロッパにばかり向いていたのでアメリカはどこか遠い存在の国だった。それが最近、ちょこちょこと訪れるようになったのは、ひとえにニューヨークに移り住んだ友だちのおかげと思っている。食いしん坊でお酒呑みの彼女には、オーガニックのマルシェから、星のついたレストランまで、ニューヨークのいろいろな「おいしい」を教えてもらった。

その中でもブルックリンのフライドチキン屋で頼んだミモザはとても印象的だった。それまではミモザというと華奢なフルートグラスに、しぼり立てのオレンジとシャンパンがしずしずと注がれて……というのが私の中のイメージ。だからカジュアルなこの店のドリンクメニューにミモザがあるのがどうにも不思議で、オーダーしてみたくなったのだ。

数分後、「はい、お待たせ！」ご機嫌なおにいさんが持って来てくれたのは、私の概念をくつがえすものだった。五〇〇㎖は入るのではないか？　というプラスティックのカップになみなみと注がれてきたのだ。面食らいながらも、どれどれと飲んでみると、シャンパンではなく辛口のスパークリングワインにオレンジの果汁がたっぷり。これならフライドチキンやクッキーと一緒にごくごくいけちゃう！　ニューヨークはあらゆる意味で自由で大らかで、そこが最高なのだけれど、このミモザもまた最高。以来、家でもよく作るようになった。たくさん作ってごくごく飲む。夏にぴったりのカクテルだ。

2杯分

スパークリングワイン……400㎖
オレンジ……2個

①オレンジをしぼり、グラスに入れる。
②①にそっとスパークリングワインを注ぐ。

フルートグラスではなく、
ちょっとかわいげのある
デザインのグラスで。

手作りツナ

ツナは手作りがだんぜんいい。そのまま食べるもよし、ニース風サラダに入れてもよし、パスタにしてもよし。ハーブは好みのものをたくさん入れる。相性がいいのは、ローリエ、ローズマリー、タイム。今日はそれにくわえてフランス土産のブーケガルニを。ほぐしたツナをハーブの香りが移ったオリーブオイルにからませ、白ワインやロゼをくいっといく。パン、ツナ、ワイン、パン、ツナ、ワイン……とまらなくて困る。

翌日からが食べごろで、瓶詰めにしておけば一週間くらいは日持ちがするから、少し多めに作っておくといい。友人宅での集まりがある時には、手作りのピクルスとともにこの瓶詰めを持って行く。開けてすぐに食べられる瓶詰めは手土産にうってつけだ。

マグロの赤身……300g
塩……大さじ1
ローリエ……3、4枚
ブーケガルニなど好みのハーブ……適量
オリーブオイル……適量

① マグロに塩をし、1時間ほどおいて汁気を拭き取る。
② ①とハーブを鍋に入れ、オリーブオイルをひたひたに注ぎ、最初、弱めの中火で煮立ったら弱火にして15分ほど煮る。

少しずつほぐしながらパンと一緒に。

万願寺唐辛子のオイル煮

野菜を厚手の鍋に入れ、オリーブオイルをたっぷりそそぎ、にんにくを入れ蓋《ふた》をする。弱火でゆっくり野菜に火を通し、くたっとなったら塩をぱらり。炒めるのとはまた違う、滋味深い野菜料理ができあがる。

そのまま食べることの多い野菜のオイル煮だけれど、ブルスケッタにしたりパスタと和えたりと、いろいろと展開できるところがいい。野菜はなんでも。青菜をはじめ、インゲン、ブロッコリー、カリフラワー、菜の花……最近の気に入りは万願寺唐辛子。京都のこの野菜がオリーブオイルと合わさると、どこか洋風になる。サラミを入れたらなおさらで、これに微発泡のバスクのお酒、チャコリがあったら言うことなし。夏の夕暮れ、テラスで涼しい風にあたりながら、少しずつつまみたい料理だ。

万願寺唐辛子……10本
にんにく……ひとかけ
オリーブオイル……カップ1/2
塩……適量
サラミのスライス……10枚

① 万願寺唐辛子はヘタを取り、中の種も取り除く。
② 鍋に①とオリーブオイル、にんにくを入れ、フタをしてくたくたになるまで火を通し塩をする。
③ 火を止めた②にサラミを入れしばらくおいてから器に盛る。サラミの油がとけかかったころが食べごろ。

シンプルな食べものだけに、塩にはこだわりたいもの。今日はバスク土産の塩をぱらり。

釜揚げ桜えびのブルスケッタ

気軽な前菜といってすぐに頭に思い浮かぶのはブルスケッタではないだろうか。小さいから手を伸ばしやすいし、上にのせた具とパンが一体化したおいしさは、具とパンを別々に食べるのとはまた違ったよさがある。私はパンの上に乗せきれないくらい具を盛り、ひとくちでぱくりと食べるのが好きだ。

おいしい桜えびが手に入ると、オリーブオイルとにんにくでマリネして、ブルスケッタを作る。その名の通り、桜色のえびは見た目に愛らしいし、小さいから食べやすい。パンはバゲットではなくフィセルを使うといい。フィセルとはフランス語で〝紐《ひも》〟の意味を持つ。紐ほどではないにしても細めのパンは、ひとくちで食べるのが好きな私にとって頃合いのいい太さなのだ。

フィセル（バゲットでも）………適量
釜あげ桜えび………250g
オリーブオイル………大さじ2
にんにく………ひとかけ

①フィセルは1センチほどの厚さに切り、グリルパンなどでかりっと焼く。にんにくは半分に切り、芯を取ってつぶす。
②ボウルにフィセル以外の材料を入れ、1時間ほどおいて味をなじませる。
③①のフィセルににんにくを取り除いた②をのせ、好みで塩（分量外）をふる。

桜えびはこれ以上のせられない！というくらいたっぷりと。

ビールはキッチンのシンクに

前の仕事場はそれなりに気に入っていたから、差し迫って引っ越す理由はなかったのだけれど、ふとした縁でこの古いマンションと出会って、どうしても借りたくなってしまった。何より私の心をつかんだのはキッチンだった。鍋が四つは入るのではないか？　という琺瑯《ほうろう》製のガスオーブン、大きな窓、柄物のタイルもまたいい。これはどうがんばっても私に作り出せるものではない。年月が経っているからこそ漂う独特の空気感、味わい。ああ、こんなところで料理をしたら気持ちがいいだろうな。一日中居れちゃう。「キッチンに立つ自分」を妄想するばかりである。すぐに引っ越しの段取りをし、荷物の整理をはじめ、使いづらい部分を改装し、一カ月半後、晴れて私はこのキッチンの主《あるじ》となった。

窓に面した黄色のシンクは陶器製。ステンレスのシンクを見慣れている私としては新鮮。そして使い出すと野菜の緑がとてもきれいに映える色だということを知った。大小ふたつの二槽式で、どちらも流し口にゴム製の蓋がついている。水を溜め、洗いものをしたり、氷水を張ってサラダ用の葉野菜をしゃっきりさせたりと、小さい方のシンクの使い勝手がすこぶるいい。ある日、仕事終わりにビールでもということになった。ワインセラーに入れていたビールの冷え具合がいまいちだったので、シンクに氷を張り急ごしらえのクーラーを作った。さあみんな好きなものをどうぞ。その日はキッチンがスタンディングバーになった。

アイスピックの先につけたのはシャンパンの栓。
安全でしかも洒落たこのアイディアはフランス人の知人から。さすが。

枝豆紹興酒風味

枝豆にポテトフライ。ビアガーデンに行くとこのふたつを必ずオーダーし、ジョッキの生ビールをごくりと飲む。汗をかきながらワイワイガヤガヤとしたしゃべり声をBGMに飲む夏のビールのおいしさったらない。ひとくち目を飲み終えてくちびるをグラスから離す瞬間、思わず、あ〜という声が出る。

もちろん家でも枝豆の塩茹ではビールのおともとしてテーブルによく登場する。何度食べても飽きはこないけれど、時には気分を変えて八角や五香粉などの風味をつける。作り立てより味が染みた方がおいしいので、できれば前の晩か食べる日の午前中に作って冷やしておくといい。ビールはもちろん、紹興酒とも合う大人味の枝豆だ。

枝豆……1パック
山椒醤油……カップ1/4
砂糖……大さじ2
水……カップ2
八角……3、4個
五香粉……小さじ1/2
花椒《ホアジャオ》……小さじ1

① 枝豆を蒸す。
② 鍋に枝豆以外の材料を入れ、煮立たせる。
③ ①に②を入れ1時間以上浸す。

さやのまわりにしみたつけ汁も味わって。

日本酒を飲む時は

同じお客様を招くのでも、大勢とひとりとでは料理の内容はずいぶん変わる。大勢の時は、ピクルスやフムス、リエットなど作りおきしておけるものを何品か用意。メインは煮込み、もしくはオーブンで焼くだけ。みんなが来てから慌てないでいいように、また台所にとじこもらなくていいようにと、できるかぎり準備をしておく。

ひとりの場合は、下ごしらえをすませておき、食事がはじまってから揚げたり焼いたりして仕上げる料理が多い。それは多分、心の余裕がそうさせるのではないか。なにしろ相手はひとり。ふだんのごはんの延長のような気楽さで臨むことができるのだから。しかしそうはいってもそこはお客様。いつもより少しだけ緊張感を持ってしつらえを考えるようにしている。

この小さなお敷きは、お菓子をのせる四寸くらいの皿と湯のみが乗るものを、と木工家の佃眞吾さんに頼んで作ってもらったものだ。デザインは限りなくシンプルだけれど、裏を返して見てみると反り止めの細工がていねいに施されている。シックな拭き漆もいい。ああ、いい塩梅だなあと使うたびに思う。そういうものにはなかなか出会うことはできない。

お菓子だけでなく、お酒の時間にも合うことに気づいてからは、ますます愛着が湧くようになった。盃、小鉢、箸、箸置き。ちょこまかと小さなものがお敷きの上でぴたりと収まる。まん中に片口、というのが定位置で、いつからか来客がひとりの場合は、小鉢や小皿にのせた料理をお敷きにのせて、ということが多くなった。小料理屋のようでなんだかいい。

小さなお敷きには小さな器がよく似合う。おままごとのようでなんだかたのしい。

焼酎の波到来？

恥ずかしながら二十代のころ、ワイン日記をつけていたことがある。ノートにその日に飲んだワインの銘柄と産地、作られた年数とちょっとした感想を書き込み、エチケットも一緒に貼る。お酒のすばらしさはワインが気づかせてくれたのだから、少しは勉強しよう。そう思ってはじめたけれど半年くらいでやめてしまった。たのしんで飲めばそれでいいんじゃないか、そう理由をつけて自分を納得させたけれど、ようは根が飽きっぽいのである。三十代になって私の中に日本酒ブームが、きた。ワインの時と同様、酒蔵をまわって作り手に話をうかがい、気に入った酒蔵の酒はとことん飲む。思い立つと夢中になるのは昔から変わらない。

四十代の今は、その日の料理や気分次第で、食前酒からワインへ、またはビールからお酒へ。いずれにしても基本はワインと日本酒の二本立てになっている。

ある日、友人が家に遊びに来るというので、その日は張り切って料理を作った。おひたし二種、ひじきの煮物、空豆とえびの揚げもの、朝採りたけのこをあぶってしょうゆをたらり……とくれば日本酒だよね？　ととっておきを出したところ「焼酎はない？」と言うではないか。ないよ、だってほとんど飲んだことないから、そう答えるとやおら携帯電話を取り出し何かを注文しはじめた。その数日後、ででんと届いたのは一・八ℓの焼酎の大瓶ふたつ。なんでまたこんな大きなものを!?　と聞いたら「やっぱり焼酎は一升瓶だよ。デザインも存在感も」とのこと。五十代を前に焼酎の波がどどーんと押し寄せてきそうな気配である。

その酒瓶がこれ。色合いやラベルのデザインなど、見れば見るほどなんだかいい。

にゅうめん

さっきまで散々食べて飲んでいたというのに、なぜか急に小腹が減ることがある。お腹に入ったものはどこへ消えたのか？　本当に不思議でならない。お酒のマジックだ。小腹対策のためにいつでもにゅうめんが食べられるよう、年中、素麺《そうめん》を用意している。柔らかく煮込んだ素麺はするりするりと胃をやさしく包み込んでくれる。お腹も満たされる。おいしく仕上げるためのコツは、茹でる時に麺に火を通しすぎないことだ。さっとくぐらせるくらいにしてざるにあげ、すぐに煮立った出汁に入れ、その中で充分柔らかく火を通す。こうすると麺に出汁が入り込み、だんぜんおいしくなる。梅干し入りのにゅうめんは、飲んだ後はもちろん、うっかり二日酔いしてしまった日の朝ごはんにもいい。食べ終えるとすっきりと元気になっている。

2人分

出汁……カップ4
白だし……大さじ2
素麺……2把
白ごま……適量
梅干し……2個

①鍋に出汁を煮立たせ、白だしを入れる。
②素麺をさっと茹でざるにあけ、湯切りした後①に入れて柔らかくなるまで煮る。
③②を器に盛り、白ごまと梅干しをのせる。

お酒のしめに出すと、しみじみありがたがられる一品。

宴のあとの片づけ

朝起きてリビングに行くとテーブルの上に昨日の宴がそっくりそのまま残っていた。違うのは人影がないことくらいで、みんなの笑い声やカトラリーとお皿がカチャカチャ機嫌よく触れ合う音が今でも聞こえてきそうな気がする。

昨日の来客は総勢九名。最初の予定は五人くらいのはずだったのに、誘った人がまた別のだれかを誘ったり、ご近所さんが突然訪れたりして、いつも一・五倍くらいの人数になる。「大変じゃないの？」と聞かれることも多いけれど、料理が足りないのはいやだから多めに仕込むのはいつものことだし、お酒も水もたっぷりあるから三、四人増えても全然へ

っちゃら。何より、人が集まりやすい家とみんなが思っていてくれることがうれしい。

ここ最近、飲むといろんなことが面倒になるのと、グラスを割る確率が高くなるのとで片づけを翌朝にすることが、多くなった。早朝、昨日のことを思い出しながら、お皿やグラスを洗ったりキッチンクロスを洗濯するのは気分がいい。ガス台を拭いて、台所の床を拭いて……元の姿に部屋を整えるのが何よりも好きだ。

片づけがすっかり終わると、さあ、次来る人たちのために何を作ろうかな？ そんなことを思う。友人たちからは「お店をしたら？」とよく言われる。もちろん憧れる気持ちはあるけれど仕事にはせずに今のこのくらいのかんじで人をもてなすのがきっといいに違いないと思っている。

この本で紹介した商品等の問い合わせ先

本書で紹介した商品は、すべて伊藤まさこさんの私物です。
そのため、同じ商品が現在も手に入るとは限りません。
詳細に関しましては、お電話などでご確認ください。
なお、問い合わせ先のデータは２０１６年10月現在のものです。

p.20
福光屋で一日ママ
◎福光屋ひがし
石川県金沢市東山１丁目14番９号
☎０７６-２５１-５２０５
営業時間　10時～18時
定休日　無休
http://www.fukumitsuya.co.jp/sake-shop/higashi/

p.50
自分をもてなす
◎ターブルオギノ　渋谷店
東京都渋谷区渋谷２-24-１ 東急百貨店渋谷駅・東横店Ｂ１Ｆ
☎０３-３４７７-４４４３
営業時間　10時～21時
定休日　定休日は東急百貨店東横店に準じます。
http://www.table-ogino.com/

◎フェルミエ　渋谷店
東京都渋谷区渋谷２-24-１ 東急百貨店渋谷駅・東横店Ｂ１Ｆ
☎０３-３４７７-４６０２
営業時間　10時～21時
定休日　定休日は東急百貨店東横店に準じます。
https://www.fermier.co.jp/

p.52
中華街で食材を調達
◎源豊行
神奈川県横浜市中区山下町１９１
☎０４５-６８１-５１７２～３
営業時間　10時30分～21時
定休日　水曜日
http://www.genhoko.com

◎清風楼
神奈川県横浜市中区山下町１９０
☎０４５-６８１-２９０１
営業時間　11時45分～14時30分（ＬＯ14時）、
17時～20時30分（ＬＯ20時）
日祝12時～20時30分（ＬＯ20時）
定休日　木曜日（祝日の場合は前日か翌日）

◎頂好食品
神奈川県横浜市中区山下町1 3 7
☎0 4 5-6 5 1-0 6 3 3
営業時間　10時〜21時
定休日　年中無休

p.72
春菊としいたけのおひたし
◎山家屋
福島県会津若松市材木町1-8-13
☎0 2 4 2-2 7-0 5 0 1
営業時間　8時〜17時
定休日　日曜日
http://www.aiaizu.com/yamakaya/yamakaya.html

p.82
ワイングラスはリーデルのヴィノムシリーズ
◎リーデル
東京都港区南青山1-1-1　青山ツインタワー東館1F
☎0 3-3 4 0 4-4 4 5 6
営業時間　平日11時〜20時
土曜・祝日10時〜18時
定休日　日曜日
http://www.riedel.co.jp

p.96
水上バスでハイボール
◎TOKYO CRUISE（隅田川ライン）
☎0 1 2 0-9 7 7 3 1 1
http://www.suijobus.co.jp

p.100
神谷バーでデンキブラン
◎神谷バー
東京都台東区浅草1-1-1
☎0 3-3 8 4 1-5 4 0 0
営業時間　11時30分〜22時（LO21時30分）
定休日　火曜日
http://www.kamiya-bar.com

あとがき

「ああ、冷たいシャブリが飲みたいなぁ。キリッとした」

お酒好きだった父の、最後の言葉がこれだった。病室で冷たいシャブリを父の口に含ませると、それをこくりと飲み込み、なんとも幸せそうな顔をして目を閉じたのだった。その年の初め「食べられなくなったり飲めなくなったら、その時が死ぬ時だ」父はそう語っていて、私たち家族は「なにをそんな」と苦笑していたけれど、まさか本当にそうなるとは。

冬が近づくと父と一緒に飲んだ日本酒の味を思い出す。その日はとても寒い夜で、夕飯時に熱燗を、ということになった。まずはとっくり一本、追加でもう一本、さらにもう一本。「ふたりともよく飲むわねぇ」と母に呆れられながらも飲み続ける。まるで清らかな水のように、するすると喉元を通っていくのだからしょうがない。父も「今日はなんだか酒がうまいなあ」そう言っていたけれど、まったくもって同感。ふたりで一升空けた。

時々あの夜のように、しみじみおいしく飲める日が訪れる。前は気分や体調が影響しているのではと思っていたけれど、父が見守ってくれているから？　今はそんな風に思っている。

二〇一六年十月
伊藤まさこ

PÈRE LABAT
50°

伊藤まさこ

１９７０年、神奈川県横浜市生まれ。文化服装学院でデザインと服作りを学ぶ。料理や雑貨、テーブルまわりのスタイリストとして、数々の女性誌や料理本で活躍。なにげない日常にたのしみを見つけ出すセンスと、地に足のついたていねいな暮らしぶりが人気を集めている。お酒は家で飲むのも、外で飲むのも大好きで、暮らしの彩りのひとつとして上手に取り入れている。最近、お酒に合う料理の腕がますます上がったと評判。家族と、友人と、仲間と、折々に集まってのお酒の時間をたのしんでいる。おもな著書に『おべんと帖　百』（マガジンハウス）、『あした、金沢へ行く』（宝島社）、『伊藤まさこの台所道具』『伊藤まさこの食材えらび』（いずれもＰＨＰエディターズ・グループ）など多数がある。

ブックデザイン　渡部浩美
写真　広瀬貴子
編集　見目勝美
製版　小川泰由

夕方　５時から　お酒とごはん

２０１６年11月15日　第１版第１刷発行
２０１６年12月６日　第１版第２刷発行

著者　伊藤まさこ
発行者　清水卓智
発行所　株式会社ＰＨＰエディターズ・グループ
〒１３５-００６１　江東区豊洲５-６-52
電話　０３-６２０４-２９３１
http://www.peg.co.jp/
発売元　株式会社ＰＨＰ研究所
東京本部　〒１３５-８１３７　江東区豊洲５-６-52
普及一部　電話　０３-３５２０-９６３０
京都本部　〒６０１-８４１１　京都市南区西九条北ノ内町11
ＰＨＰ　ＩＮＴＥＲＦＡＣＥ　http://www.php.co.jp/

印刷所
製本所　凸版印刷株式会社

ＩＳＢＮ９７８-４-５６９-８３１４４-２

伊藤まさこの台所道具

伊藤まさこ著

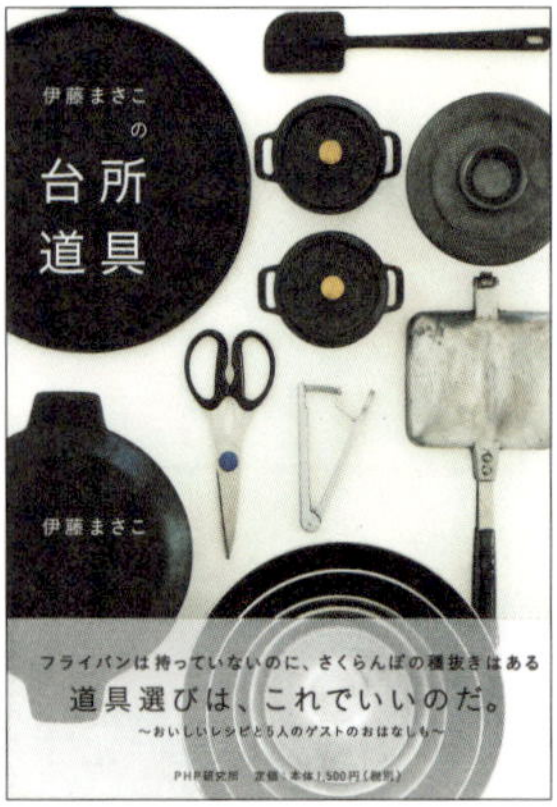

定価：本体　一、五〇〇円(税別)

本当に必要なものを、厳選して集めた伊藤さんの台所道具を一挙公開いたします。また、その台所道具を使ってつくる美味しい一皿も紹介。素敵な5人のゲストの道具と一品もご紹介いたします。台所に立つことが楽しくなる、愛しい道具とおいしいレシピの本です。

伊藤まさこの食材えらび

伊藤まさこ著

定価：本体　一、五〇〇円(税別)

定番から、とっておきの一品まで、これがあるから、おいしくなる——。人気スタイリスト・伊藤まさこさんが紹介する、厳選食材の数々。食材を上手に使った、簡単でおいしいレシピも満載。読んで、見て、使って楽しめる本です。